| 일러두기 |
- 인명과 지명은 국립국어원의 외래어 표기법을 따르되 이미 굳어진 경우 관례에 따라 표기했습니다.
- 역사 용어는 학계의 일반적인 표기를 따랐습니다.
- 이 책에 실린 사진 중 저작권자와 접촉이 되지 않는 등 불가피한 사정으로 사용 허가를 받지 못한 사진에 대해서는 저작권자의 허락을 구하는 대로 승인을 받고 사용료를 지불하겠습니다.
- 이 책에 실려 있는 지도와 그림의 저작권은 별도의 표기가 없는 한 (주)스푼북에 있습니다.

6 격변하는 세계 (동양편)

글 김일옥 그림 이은열 감수 박소연·손은혜

한 눈에 세계사

충격

열담

• 차례

1장
일본의 고대 사회 ··· 006

조몬 시대 | 야요이 시대 | 야마토 정권의 성장 | 아스카 시대

2장
일본 문화의 탄생 ··· 024

다이카 개신과 일본의 탄생 | 진신의 난 | 나라 시대와 견당사 | 헤이안 시대와 국풍 문화

3장
무사 정권 시대 ··· 040

막부의 시대, 가마쿠라 막부 | 일본의 봉건제 | 남북조를 통일한 무로마치 막부 | 센고쿠(전국) 시대와 영웅들

4장
에도 막부 … 064

에도 막부의 새로운 통치 방법 | 도시의 발달과 조닌 문화 | 외국과의 교류로 발전한 학문

5장
명 … 082

명을 세운 주원장 | 영락제와 정화의 대항해 | 중앙 권력의 비대와 신사층의 성장 | 명의 경제와 양명학 | 명 말기의 혼란

6장
청 … 106

누르하치의 후금 건국 | 홍타이지의 청 건국 | 강희제의 시대 | 옹정제의 개혁 정치 | 건륭제의 대통일 | 도시의 발전과 광둥 무역

1장
일본의 고대 사회

| 조몬 시대
| 야요이 시대
| 야마토 정권의 성장
| 아스카 시대

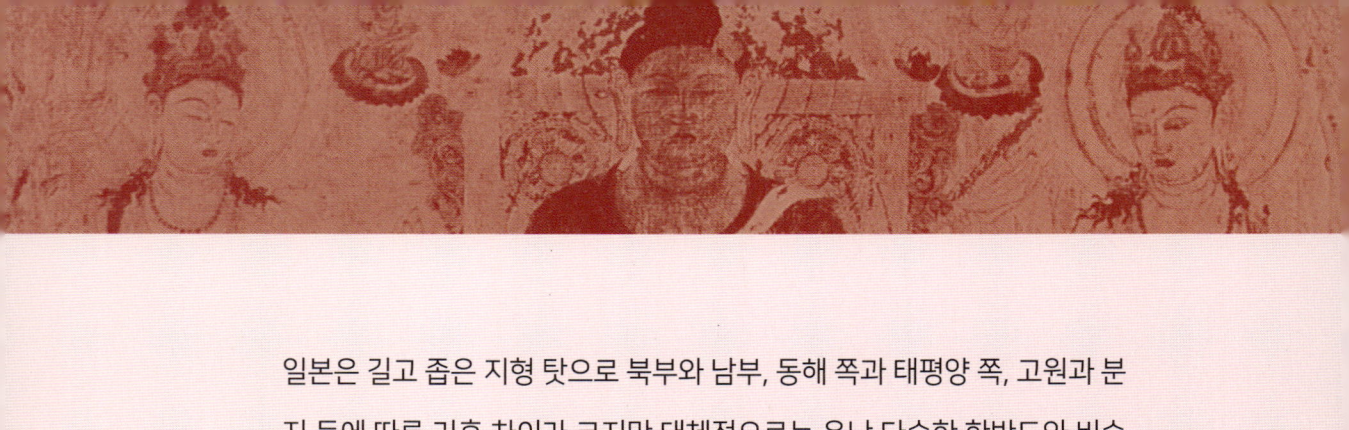

일본은 길고 좁은 지형 탓으로 북부와 남부, 동해 쪽과 태평양 쪽, 고원과 분지 등에 따른 기후 차이가 크지만 대체적으로는 온난 다습한 한반도와 비슷해. 전체 영토는 한반도보다 1.5배 더 넓으며 인구도 우리나라보다 2.5배가량 많단다.

일본은 우리나라와 지리적으로도 매우 가깝고 역사적으로도 밀접한 관계가 있는 나라야. 그래서 일본과 우리나라는 아주 오래전부터 정치, 경제, 문화 등 다방면에서 서로 교류하며 영향을 끼쳤단다. 그러다 보니 각 나라의 중요한 역사적 사건들에 연관되어 등장하지.

신석기 시대인 조몬 시대부터 청동기와 철기 문화 시기인 야요이 시대, 불교 문화로 대표되는 아스카 시대까지, 가깝고도 먼 나라 일본의 각 시대 배경과 특징은 무엇인지 함께 알아보자.

조몬 시대

일본은 유라시아 대륙의 동쪽 끝, 북동에서 남서 방향으로 길게 이어진 섬들로 이루어졌어. 우리나라와는 동해를 사이에 두고 있지.

빙하기에 일본 열도는 유라시아 대륙의 일부분이었어. 북쪽으로는 러시아의 사할린, 남쪽으로는 동남아시아까지 모두 이어져 있었지. 동해는 태평양과 연결된 바다가 아니라 한반도와 일본에 둘러싸인 호수 같았어. 기원전 1만 년경 날씨가 따뜻해져 빙하가 녹기 시작하고 신석기가 시작될 무렵부터 일본에 사람들이 정착해서 살기 시작했어. 아프리카에서 시작된 인류의 이동이 유라시아 대륙의 끝까지 이른 거야. 그만큼 일본 문명의 시작은 늦어졌지. 어쨌든 이후 일본 땅은 해수면이 상승하면서 대륙에서 떨어져 섬으로 고립되는 바람에 유라시아 대륙과는 다른 모습의 역사를 가지게 되었어.

일본의 신석기 시대는 다른 문명의 신석기 시대 생활 모습과 비슷해. 사람들은 주로 강가나 해안에서 움집을 짓고 사냥이나 채집 활동을 하면서 살았어. 화전을 일구어서 조와 수수, 팥, 보리 같은 작물

> 유라시아는 유럽과 아시아를 아울러 이르는 이름이야.
>
> 열도란 길게 줄지어 늘어선 여러 개의 섬을 뜻해.

> 화전이란 주로 산간 지대에서 풀과 나무를 불살라 버리고 그 자리에 농사를 짓는 밭이야.

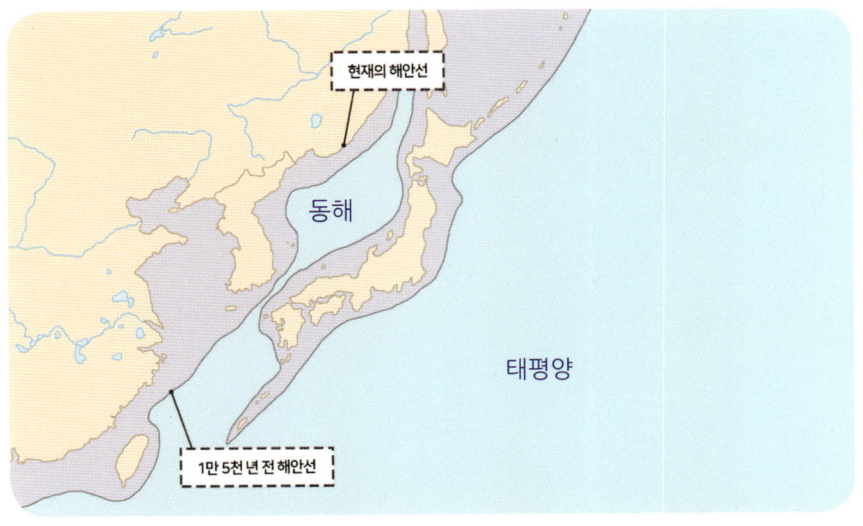

◀ 빙하기의 동아시아 해안선 지도

을 재배하는 농경 생활도 했지. 수확물을 보관할 토기도 만들었어. 새끼줄을 꼬아 토기에 꾹꾹 눌러 무늬를 새겨 넣었는데, 이 토기를 조몬 토기라고 해. 조몬은 일본어로 새끼줄 무늬라는 뜻이야. 이런

역사 속 상식 쏙

섬나라 일본

일본은 홋카이도, 혼슈, 시코쿠, 규슈로 불리는 큰 섬 네 개와 크고 작은 여러 섬으로 이루어진 섬나라야. 홋카이도는 '북쪽 바다에 있는 섬'이란 뜻으로, 19세기 이전까지는 '에조치'라고 불리면서 아이누들이 독자적인 문화를 이루면서 살아오던 곳이었는데 메이지 시대 이후부터 일본 영토로 편입되었지. 혼슈는 일본 네 개의 주요 섬 중 가장 큰 섬으로, 예전부터 일본인들의 주요 삶의 터전이었어. 일본의 고대사가 시작된 곳으로 도쿄, 나라, 오사카, 교토 등 주요 도시가 있으며 3,000미터 이상의 높고 험준한 산들이 많아. 규슈는 우리나라와 가장 가까이 있고 바다 건너 동남아시아와도 가깝단다. 그래서 예로부터 다른 문화를 받아들이는 창구 역할을 해 왔어. 나가사키는 일본에서 외국 문물을 처음 받아들인 곳이었으며 무역항이 발달한 도시야. 시코쿠는 일본 네 개의 주요 섬 중 가장 작은 섬으로 시코쿠산맥이 위치한 지형상의 이유로 대도시는 없고 각 현에 독립된 작은 도시들로 발달해 왔단다.

일본 최남단에 위치한 오키나와섬은 본래 독립 왕국 '류큐'였는데, 17세기에 일본에 속하게 되었어.

일본 역사의 중심지는 교토, 오사카, 도쿄 순으로 바뀌었어.

▼ 일본 열도

모양의 토기가 활발하게 만들어진 시기를 '조몬 시대'라고 한단다. 조몬 시대는 약 1만 년간 계속되었는데, 이 평화롭고 안정된 생활에 변화를 가져온 것은 조몬 시대 말기에 시작된 벼농사였어.

조몬 시대의 토우

토우란 흙으로 만든 인형을 말해. 조몬 시대에는 토기와 함께 토우도 많이 만들어졌어. 양 팔과 다리를 벌리고 있는 독특한 느낌을 주는 조몬 시대의 토우는 대개 여성의 모습을 띠고 있는데 특히 임산부의 모습이 많아. 그래서 '조몬 비너스'라고 불리기도 하지. 토기의 모습을 근거로 당시 사람들은 수렵과 채집의 풍요를 기원하거나 여성을 생명을 만드는 신비한 힘을 가진 존재로 숭배했을 거라고 추정한단다.

손, 발, 얼굴 등 신체의 일부분이 깨져 있거나 일부러 만들지 않은 토우도 많이 발견되었는데, 이런 토우는 질병을 치유하거나 저주하기 위해 만들었다는 주장도 있어.

▶ 조몬 시대에는 사람의 형상을 한 토우가 많이 만들어졌어.

◀ 조몬 비너스로 불리는 토우

야요이 시대

한반도의 주민들은 고구려와 신라의 세력 확대, 삼국 간 전쟁의 격화, 신라의 삼국 통일 등 정치적으로 변화가 심할 때마다 대규모로 일본으로 건너갔어. 중국 역시 남북조 시기에 오랜 전쟁에 시달리던 창장강 유역의 한족들도 이 대열에 동참했지. 일본에서는 이들을 도왜인이라고 불러. 도왜인들은 벼농사와 청동기, 철기, 관개 시설, 우수한 토기 제작 기술 등을 가지고 왔어. 그래서 일본에서는 청동기 시대와 철기 시대가 동시에 진행되었단다. 이 시대를 '야요이 시대'라고 해.

도왜인들이 가져온 벼농사 기술은 일본 사회를 완전히 바꾸어 놓았지. 이전의 원시 농경과 달리 벼농사는 많은 노동력과 다양한 농기구를 필요로 했기 때문이었어. 벼농사를 지으려면 수리 시설과 둑을 만들어야 하고 농사일이 많은 농번기에는 사람들이 효율적으로 움직여야만 해. 벼농사가 시작되면서 좋은 밭과 논을 가진 사람과 가지지 못한 사람, 경작 기술을 가진 사람과 그렇지 못한 사람 사이에 빈부의 차이가 발생하기 시작했어. 사유 재산의 차이는 토지와 수확물을 둘러싼 전쟁을 불러왔고, 이를 통해 강력한 무기를 가진 사회 계층이 생겨났지. 결국 사회는 지배하는 자와 지배를 받는 자로 나뉘었고 각지에서 여러 개의 작은 국가들이 탄생했어. 그러다 3세기 무렵에 30여 개의 작은 소국으로 통합되었지.

▼ 요시노가리 유적지야. 야요이 시대의 대규모 고분이 있는 유적으로, 규슈에 있어. 외부의 침입을 막기 위해 취락 주위에 못을 파고 흙담을 쌓았어.

일본의 토기 변화 과정

일본에 처음 등장한 토기는 조몬 토기야. 새끼줄 무늬가 새겨진 조몬 토기는 후대로 갈수록 토기의 끝부분을 화려하게 장식했단다.

조몬 토기 다음에 등장한 것은 야요이 토기야. 야요이 토기는 간결한 무늬와 붉은빛이 특징이야.

그다음은 '쇠처럼 단단하다.'라는 뜻을 가진 스에키 토기야. 스에키 토기는 가마에서 매우 높은 온도로 굽기 때문에 붉은빛이 아닌 기와 같은 회청색을 띠는 것이 특징이지.

▲ 새끼줄 무늬가 있는 대표적인 형태의 조몬 토기

▲ 조몬 시대 중기에 만들어진 조몬 토기

▲ 일본의 청동기와 철기 시대인 야요이 시대에 사용된 야요이 토기

▲ 일본의 고분 시대에 사용되었던 스에키 토기

야마토 정권의 성장

야요이 시대에는 일본 문자가 없었기 때문에 이 시대에 대한 일본의 기록은 없어. 하지만 중국에서 편찬한 역사서에 '왜'가 한에 조공을 바쳤다는 기록이 있어. 중국의 황제는 조공을 바친 나라에 답례품으로 "중국 황제가 이 사람을 왕으로 임명한다."라는 내용이 담긴 왕의 도장을 만들어 주었거든. 이 시대에 중국 황제에게 조공을 바쳐 왕으로 인정받는 것은 매우 중요한 일이었어. 그래서 이러한 정치 체제가 우리나라를 비롯한 동아시아에서 널리 자리 잡았지. 일본에서 이를 가장 잘 활용하여 세력을 키운 나라가 바로 '야마토 정권'이었단다. 야마토 정권은 중앙 정치 조직을 갖춘 일본 최초의 통일 국가였지.

3세기 중반 야마토 정권이 어느 지역에 있었는지는 아직 명확히 밝혀지지 않았어. 그래서 지금도 논쟁이 되고 있지. 도왜인들이 많이

중국과 한반도에서는 이 시기 일본인들을 '왜(倭)'라고 불렀어.

▶ 기원후 57년, 중국의 후한 시대 황제 광무제가 일본의 지배자를 임명한다는 글이 새겨진 황금 도장이야.

모여 살았던 규슈 지역이라는 주장도 있고, 훗날 일본의 중심지가 되는 나라라는 주장도 있어. 야마토 정권의 시작에 대해서는 여러 가지 주장이 있지만, 4세기에 통일 국가가 성립하여 점차 지배권을 넓혀 나가서, 5세기에 일본의 대부분을 지배했다는 것에는 이견이 없단다.

사람이 죽으면 그 시신을 묻는 매장 문화는 원시 시대부터 계속 이어져 왔어. 그 매장 형태와 무덤이 시대와 더불어 변화를 거듭해 왔는데, 조몬 시대에는 사람의 몸을 태아처럼 구부려서 매장했어. 이런 형태를 '굴장'이라고 하는데, 왜 몸을 일부러 구부렸는지에 대한 정확한 이유는 알 수 없어. 엄마 몸속의 태아를 본떠 어머니의 몸이라 할 수 있는 대지로 돌려보내는 의미라는 주장도 있고 죽은 자의 부활을 두려워했기 때문이라는 주장도 있어. 야요이 시대에는 여러 가지 매장 형태가 나타난단다. 커다란 항아리 토기 두 개를 맞추어 관으로 쓰는 옹관묘, 흙구덩이에 석판을 상자처럼 깔아 만든 석관묘, 사각의 도랑을 파고 그 중심에 무덤을 두는 주구묘 등이 있어.

▲ 오사카에 있는 야마토 정권의 다이센 고분이야. 인근에 다닥다닥 지어진 집들과 크기를 비교해 보면 지배자들의 힘을 알 수 있지.

후지노키 고분

후지노키 고분은 나라현에서 발견된 고분인데, 발견 당시 많은 주목을 끌었어. 과거에 발굴되었던 대부분의 고분들은 이미 도굴된 상태에서 발견했는데, 이 고분은 온전한 형태로 발굴되었기 때문이야. 유물 또한 매장 당시 상태 그대로 남아 있어 당시의 역사를 보여 주는 귀중한 자료가 되었지. 고분의 내부에서는 금동제 말 장식품과 철제 갑옷, 토기 등이 출토되었어. 커다란 석관에서는 젊은 남녀의 유골이 발굴되었지. 특히나 이곳에서 발굴된 유물들은 한반도에서 발굴된 유물과 비슷한 형태를 하고 있어서 무덤의 주인이 한반도와 관련된 인물일 것으로 추측하고 있어. 고분이 조성된 시기는 551년에서 571년 사이이며, 1, 2차에 걸친 발굴 끝에 5,000여 점의 유물이 출토되었어.

▼ 후지노키 고분은 일본 나라현에서 발견된 야마토 시대의 고분이야.

이런 매장 문화들은 대부분이 한반도에서 도왜인들이 가져왔다고 해.

이후 3세기 말부터 높은 언덕과 깊은 호를 가진 '고분'이 야마토 정권에 나타나 4세기에는 전국으로 퍼져 나갔지. 이러한 무덤은 7세기 초반까지 계속 만들어졌어. 초기 무덤 안에는 청동 거울, 옥 등이 나왔는데 야마토 정권 시기에는 철제 무기와 말 장식품들이 나왔지. 그러다가 후기에 해당하는 6세기 무렵부터는 권력자에서 지역의 유력 농민들까지 고분을 만들기 시작했어. 고분의 숫자도 크게 증가했지. 그러나 이러한 고분도 불교의 도입과 함께 불교식 장례, 즉 시신을 불태우는 화장이 보급되면서 쇠퇴하다가 7세기 후반에는 거의 사라지게 되었지.

아스카 시대

야마토 정권은 5세기 말부터 진행한 왕권 강화 정책으로 지방 호족들과 조금씩 갈등을 빚었어. 지방의 여러 호족들은 야마토 정권에 반발하여 난을 일으켰는데(이와이의 난), 당시 왕에 오른 게이타이는 한반도의 백제와 돈독한 관계를 유지하고 그 지원을 바탕으로 반대 세력들을 강력하게 진압했어. 호족 세력을 누른 게이타이는 오늘날 나라현의 남쪽 지역인 '아스카'에 왕궁을 짓고 정치의 중심지로 삼았어. 하지만 여전히 왕의 권력이 다수의 다른 호족들보다 월등하지는 못했어. 그래서 왕은 힘이 센 호족을 자신의 편으로 삼아야만 했지. 가장 강력하게 동맹을 맺는 방법은 결혼이었어. 그래서 왕은 힘

> 호족은 지방의 토착 세력을 말해. 중앙 귀족과는 반대되는 개념이지.

▶ 게이타이야. 이와이의 난을 진압하고 규슈 지방의 지배권을 확립했어.

외척은 어머니 쪽의 친척을 뜻하는 말로, 왕의 외가 쪽 가문을 의미해.

섭정은 군주가 직접 통치할 수 없을 때 군주를 대신하여 나라를 다스리는 것을 말해.

중앙 집권제란 권한을 중앙, 즉 왕이나 중앙 정부에 집중하는 체제를 말해.

이 센 호족의 딸과 결혼을 하였어. 하지만 이는 외척 세력이 성장하게 된 원인이 되었지.

게이타이가 죽은 뒤 왕의 외척인 소가 가문의 수장 소가노 우마코는 자신의 조카인 스이코를 왕으로 즉위시키고 소가 가문의 피를 이은 쇼토쿠를 태자로 책봉하여 섭정하도록 했어. 쇼토쿠 태자는 외척인 소가 가문 덕분에 등용되어 30여 년 동안 나라를 다스렸지만 소가 가문의 뜻과는 달리 왕의 권력을 강화시키는 데 힘을 집중했지. 왕을 중심으로 하는 강력한 중앙 집권제의 기틀을 마련하기 위해 쇼토쿠 태자가 가장 먼저 한 일은 불교를 적극적으로 도입한 것이었어. 쇼토쿠 태자는 일본 최고(最古)의 절인 아스카사에서 고구려의 승려 혜자와 백제의 승려 혜총을 스승으로 삼아 불교를 배웠어. 그리고 불교를 널리 전파하기 위해 호류사를 지었어. 이 시대에는 특히 백제에서 건너온 사람들의 활약이 눈부셨단다. 백제는 한반도의 다른 세력, 즉 고구려와 신라를 견제하고자 일본과 긴밀한 관계를 유

▼ 쇼토쿠 태자 시기 최초의 불교 사찰이자 소가 가문의 씨족 사찰인 아스카사

지했어.

　원래 일본은 전통적으로 자기 가문의 조상신이나 지역의 수호신을 믿어 왔어. 이를 '신도'라고 하는데, 쇼토쿠 태자는 불교를 중심으로 토착 종교인 신도뿐 아니라 유교의 좋은 점도 모으려 노력했어.

　쇼토쿠 태자는 17개조의 헌법을 발표하고 관직을 12개의 등급으로 정리하여 국가의 제도를 정비했어. 제1조는 "화합은 가장 고귀하다. 그러므로 모든 것은 대화로 정해야 한다."로, 이 정신은 오늘날까지 이어져 일본 관료 제도의 출발점으로 평가받고 있어.

▼ 호류사의 금당과 오층탑이야. 금당이란 가장 으뜸이 되는 부처상인 본존상을 모신, 절의 본당을 말해.

▲ 아스카사에 세워진 쇼토쿠 태자의 동상

> 천자란 하늘을 다스리는 천제의 아들이란 뜻으로, 하늘의 뜻을 받아 하늘을 대신해서 천하를 다스리는 사람을 말해. 즉 임금이나 왕을 뜻해.

또한 쇼토쿠 태자는 외교 사절을 중국에 파견하였는데, 이 또한 왕의 권위를 높이기 위한 외교 전략이었어. 당시 수 황제에게 보낸 편지에 쓴, "해가 나오는 곳의 천자가 해 지는 곳의 천자에게 보낸다."라는 글귀에서 나라 이름인 일본(日本)이 유래했다고 해.

수의 제2대 황제인 양제는 쇼토쿠 태자의 편지를 보고 격노했지만, 일본에 답례 사절을 보냈다고 해. 당시 수는 고구려와의 전쟁을 앞두고 있었기 때문에 일본의 협력이 필요한 상황이었기 때문이야. 이 사건은 쇼토쿠 태자가 당시의 국제 정세를 읽어 중국과 대등한 입장에서 외교를 펼쳤다고 높이 평가받는 근거가 된단다.

그런데 일본으로 돌아오던 사신단 일행은 백제에서 도적을 만났는데, 그 도적들에게 양제의 답장을 빼앗겼다는 이야기가 전해지고 있어. 하지만 사신단은 일본으로 돌아와서도 편지를 잃어버린 책임을 지지 않았다고 해. 어떻게 도적에게 중국 황제의 편지를 뺏기고도 유배조차 가지 않고, 무사할 수 있었을까? 게다가 답서를 잃어버린 엄청난 실수를 저지른 그 사신은 이후로도 많은 유학생을 데리고 다시 수에 가기도 했어. 그래서 사실은 답서를 잃어버렸다는 것은 거짓말이고, 일본의 무례함에 분노한 양제가 답서를 주지 않은 것이 아니었나 하는 이야기도 있지.

> 일본은 13세기에 중국을 여행한 마르코 폴로에 의해 처음 유럽에 소개되었어. 마르코 폴로는 일본을 '지팡구'라고 불렀어. 중국 항주 지역에서는 일본을 '짓폰'이라고 발음했는데 마르코 폴로가 그것을 듣고 지팡구라고 책에 적은 것이지. 이것이 일본의 영문 국가명인 '재팬(Japan)'의 유래란다.

쇼토쿠 태자의 왕권 강화 정책들도 소가 가문의 권력이 커지는 걸 막을 수 없었어. 622년 쇼토쿠 태자는 49세의 나이로 생애를 마감했어. 그가 죽은 이후로도 소가 가문은 20여 년 동안 권력의 중심에 서 있었지.

백제의 불교 전파

일본의 역사책 《일본서기》에 따르면 백제의 성왕이 백제의 귀족이었던 노리사치계를 일본에 사신으로 보내 불상과 불경을 전해 주었다고 해.

▲ 고분 시대(고훈 시대) 스에키 토기(왼쪽)는 가야의 토기(오른쪽)에 영향을 받았어.

▲ 일본 고류사 목조 반가 사유상(왼쪽)과 한반도에서 발견된 금동 미륵보살 반가 사유상(오른쪽)

일본의 것이 우리나라의 것과 왠지 닮아 보이지 않니?

백제는 국가적인 차원에서 많은 승려와 절 건축 기술자, 기와 기술자 등을 일본에 보내 주었어. 고구려 역시 아스카사를 지을 때 금을 보내기도 했단다. 그래서 이 시대에 지어진 일본 사찰과 불상에서는 한반도 계통의 문화를 많이 엿볼 수 있지. 대표적인 것들로 호류사와 호류사에 있는 금당 벽화, 백제 관음상 등이 있어.

▼ 일본 오사카에 있는 백제의 학자 왕인의 묘

 세계사가 한눈에 쏙!

01   일본은 큰 섬 네 개와 수많은 작은 섬들로 이루어진 섬나라이다. 빙하기에는 일본도 유라시아 대륙의 일부였는데, 섬나라로 고립되면서 유라시아 대륙과는 다른 모습의 역사를 가지게 되었다.

02   일본의 신석기 시대인 조몬 시대의 유물로는 새끼줄 무늬의 조몬 토기가 대표적이다.

03   청동기와 철기 시대에 해당하는 야요이 시대에 한반도를 비롯해 중국, 동남아시아 지역에서 일본으로 이주한 '도왜인'들이 청동기, 철기, 벼농사, 관개 시설, 토기 제작 기술 등을 가지고 왔다.

04   기술의 차이로 인해 지배층과 피지배층이 생겼으며 여러 개의 작은 국가들이 탄생했다. 이 국가들은 4세기 무렵 야마토 정권에 의해 통일되었다.

05   야마토 정권의 쇼토쿠 태자는 왕의 권력을 강화시키는 중앙 집권제의 기틀을 마련하기 위해 노력했다. 또한 불교를 적극적으로 받아들여 융성한 불교문화가 만들어졌다.

2장
일본 문화의 탄생

| 다이카 개신과 일본의 탄생
| 진신의 난
| 나라 시대와 견당사
| 헤이안 시대와 국풍 문화

왕권 강화를 추진했던 쇼토쿠 태자가 세상을 떠난 뒤 다시 외척 세력인 소가 가문이 권력을 잡았어. 그때 중국의 당에서 공부하고 온 유학생들과 궁중 세력이 힘을 합쳐 소가 가문에 대항하는 정변을 일으켰어. 이들은 소가 가문을 몰아내고 왕권을 강화하여 중앙 집권적 정치 체제를 구축하고자 했단다. 이를 '다이카 개신'이라고 해.

645년 다이카 개신으로 새로운 왕이 즉위했고, 다이카 원년이라는 연호를 사용했지. 또 수도를 아스카에서 나니와(지금의 오사카)로 옮기고 이듬해에 왕이 개혁의 칙령을 발표했어.

다이카 개신의 내용은 당의 율령 제도를 도입하여 왕을 중심으로 한 중앙 집권적 정치 제제를 통해 백성들의 생활의 안정을 추진한 것이야.

자, 그럼 당시의 일본 사회를 더 자세히 알아볼까?

▲ 나카노오에 황자

다이카 개신과 일본의 탄생

쇼토쿠 태자가 왕권 강화를 위해 노력했지만 그가 세상을 떠나자 소가 가문의 힘은 나날이 커져만 갔어. 그들이 권력을 마음대로 휘두르는 데에 왕실과 귀족들은 불만을 품고 있었지. 이에 나카노오에 황자는 소가 가문에 반대하는 호족 세력들과 연합하여 소가 가문을 없애 버릴 계획을 짰어. 그리고 한반도에서 삼국의 사신이 왔다는 말로 소가 가문의 사람들을 왕궁으로 불러들인 뒤, 그들을 모두 제거했지.

나카노오에 황자는 고토쿠왕을 즉위시키고 자신은 실질적인 권력자가 되어 정치를 주관했어. 그는 나라의 수도를 아스카에서 지금의 오사카인 '나니와'로 옮겼어. 자연스럽게 지역에 세력의 바탕을 둔 호족의 영향력은 약해졌단다. 또한 646년 나카노오에 황자는 수와 당에서 정치와 문화를 배워 온 유학생들과 함께 새로운 정부의 개혁 정치를 발표해 본격적인 개혁을 시작해. 이것이 바로 '다이카 개신'이야.

다이카 개신의 핵심 내용은 '모든 토지와 백성이 왕의 소유'라는 것이야. 중국 등 동아시아 대륙에서는 천하가 왕의 것이라는 사상이 일찍부터 있어 왔지만 일본에서는 이것이 생소한 개념이었어. 조금만 깊이 생각해 보면 이 제도가 나라의 체제를 완전히 바꿀 것이라는 걸 알았을 텐데, 당시 호족들은 큰 저항 없이

▲ 나카노오에 황자가 소가 가문을 이끌었던 소가노 이루카를 제거하는 장면을 그린 그림

받아들였어. 개혁을 주도한 나카노오에 황자는 솔선수범하여 자신의 토지를 모두 국가에 바치고, 다른 호족들의 토지도 바치게 했어. 그리고 호족이 왕에게 충성을 바치겠다고 하면 왕은 그 호족에게 관직과 땅을 내려 주는 식읍 제도를 실시했지. 이러한 원칙을 세움으로써 왕의 권위는 높아지고, 호족들이 마음대로 세력을 키우는 걸 방지할 수 있었지. 이 덕분에 점차 호족 세력은 약화되고 왕권은 강화되었어.

7세기 말, 한반도에서는 신라가 당과 연합하여 삼국을 통일시켜 나가고 있었어. 나당 연합군이 백제를 멸망시키자, 많은 백제 유민이 일본으로 건너왔어. 백제와 오랫동안 긴밀하게 교류했던 일본은 '백제 부흥 운동'을 돕기 위해 3만여 명에 이르는 구원병과 4백여 척의 전함을 백제에 보냈어. 하지만 백제와 일본은 백강 하구에서 나당 연합군에 크게 패하고 말았지. 그러자 일본은 크게 당황했단다. 백제를 도운 일을 빌미로 나당 연합군이 일본으로 공격해 들어올까 봐 겁을 먹었어. 신라와 힘을 합쳐 한반도를 통일한 당이 대군을 이끌고 일본까지 쳐들어온다면 큰일이었지. 다이카 개신을 이끌고 실질적 권력을 쥐고 있던 나카노오에는 오랜 황자의 자리에서 벗어나 직접 왕의 자리에 올랐어. 덴지왕이 된 그는 전쟁에 대비하기 시작했단다. 백제에서 건너온 기술자와 지식인을 동원하여 방어 시설과 성을 쌓고 국방을 정비했어. 요충지마다 새로 쌓은 성에는 군사를 주둔시켰지.

또한 백제의 지식인들은 덴지왕을 도와 호적을 정리하기 시작했

> 백제가 멸망한 뒤, 일본의 구원병과 백제의 부흥군이 합세하여 나당 연합군과 벌였던 전투를 백강 전투라고 해. 이 전투는 한반도, 일본, 중국 왕조가 모두 관여한 동아시아 국제전이었어.

> 요충지란 군사적으로 매우 중요한 곳이라는 뜻이야.
>
> 호적이란 집을 기준으로 그 집에 속한 사람의 이름과 나이, 소유하고 있는 땅 등을 기록하는 문서야.

어. 호적이 있으면 정확한 세금을 매길 수 있을뿐더러 나라의 여러 정책을 세우는 데에도 큰 도움이 되지. 전쟁이 나면 동원할 수 있는 사람들의 인원수뿐 아니라 여러 가지 정책들을 정확하게 계산해서 계획할 수 있어. 호적 정리로 덴지왕은 일본 전역에 실질적인 영향력을 미칠 수 있는 기반을 마련하게 되었어.

한편 나당 연합으로 한반도를 통일한 신라와 당은 한반도 지배권을 두고 나당 전쟁을 시작하게 되었어. 거기다 당은 서역에서 유목민들과 마찰까지 일어나 일본에 신경 쓸 틈이 없게 되었어. 한반도와 중국의 전쟁이라는 급박한 상황에 대비하기 위해 일본의 왕권이 강화되었는데 결국 전쟁은 일어나지 않게 된 것이지.

▼ 덴지왕 시대에 백제인들의 지휘로 지어진 오노성의 성벽

진신의 난

672년, 일본 고대사의 최대 반란이라 할 수 있는 '진신의 난(임신의 난)'이 일어났어. 덴지왕이 세상을 뜬 뒤, 그의 동생 오아마 왕자가 조카인 덴지왕의 아들, 오토모 왕자에게서 왕위를 빼앗은 사건이야. 진신의 난을 겪으며 오아마 왕자가 다음 왕으로 즉위하였지. 그는 나니와를 떠나 아스카에서 즉위하여 덴무 천황이 되었어. 이때부터 왕을 천황(덴노)이라고 부르고, 공식적인 나라의 이름도 니폰(일본:日本)으로 바뀌었지.

무력으로 황위에 오른 덴무 천황의 힘은 강력했어. 덴무 천황은 강력한 왕권을 바탕으로 나라의 여러 제도를 만들어 나갔어. 당시 가장 앞선 문물을 가진 당을 본보기로 삼아 율령을 반포하고, 관료 체제도 정비했지. 주먹구구식으로 나라를 다스리는 게 아니라 법을 바탕으로 나라를 운영하게 된 거야. 물론 당의 제도를 들여온 것이지만 일본의 실정에 맞게 변화를 주었어. 황제가 절대적인 권력을 가진 당에서는 3성 6부로 중앙 관제를 갖추고, 과거를 통해 인재를 뽑았어. 하지만 일본은 2관 8성의 중앙 관제를 만들고 그와 함께

> 천황은 일본 역대 군주에 대한 칭호야. 만물을 지배하는 황제라는 의미로, 중국에서 들어온 말이지.
>
> 율령이란 행정의 기반이 되는 법률로, 율은 형법, 령은 행정법을 의미해.
>
> 중앙 관제란 중앙 관청의 설치, 명령, 조직에 관한 제도야.

▼ 일본 교토시에 있는 능으로, 덴지왕의 능으로 알려져 있어.

호족의 자식들은 시험을 보지 않고 등용했지. 여전히 호족들의 힘이 강했다는 의미야.

덴무 천황은 농민들에게 땅을 주고, 그에 따른 세금을 내도록 했지. 이때 조·용·조라는 세금이 부과되었는데 '조'는 토지에 부과하여 곡물을 징수하는 세금이고, '용'은 사람에게 부과하여 국가가 필요로 하는 노동력을 제공하는 것이야. 일을 하는 대신 물품으로 세금을 낼 수도 있었지. 마지막 '조'는 호에 부과하여 지역의 특산품을 세금으로 바치는 것이었어.

◀ 진신의 난으로 왕위에 오른 오아마 왕자(덴무 천황)

율령 정치가 안정되고 천황의 권력이 강해지자 관청과 관리들의 수도 늘어났지. 수도인 아스카 일대는 점점 포화 상태가 되었어.

그래서 710년, 당시 천황은 일본의 수도를 헤이조쿄(지금의 나라현)로 옮기게 된단다. 그와 함께 170여 년에 걸친 아스카 시대가 끝이 나고 나라 시대가 시작되었어.

▲ 헤이조쿄 위치

나라 시대와 견당사

야마토의 북쪽에 위치한 헤이조쿄는 당의 수도 장안을 본떠서 만든 계획도시였어. 당시 일본은 중국의 선진 기술과 지식, 제도를 받아들이는 데 많은 노력을 기울였어. 수에서부터 당이 세워진 이후에도 계속해서 견수사, 견당사라는 조공 사절단을 파견하고 있었단다. 견수사는 수로 가는 조공 사절이었고 견당사는 당으로 가는 조공 사절이었어. 나라 시대에는 약 20년마다 한 번꼴로 파견되었는데 사절단은 많게는 500명에서 적을 때는 250여 명의 학자들과 승려들로 구성되었어. 이들은 배를 타고 바다를 건너갔는데 당시에는 항해술이 발달하지 않아서 조난 사고도 많았어. 목숨을 건 여행길이었지만 그만큼 중요한 임무였기에 일본에 돌아온 뒤에는 높은 관직에 오를 수 있었지.

▼ 헤이조쿄 주작문

왕권을 강화하고자 했던 천황은 당에서 공부하고 돌아온 유학생들의 의견을 적극적으로 받아들였어. 또한 왕의 권위를 높이기 위해 《고사기》, 《일본서기》와 같은 역사책도 편찬했어. 두 역사서에는 모두 일본의 신화가 상세하게 기록되어 있는데, 이 신화들이 모두 천황과 연결되어 있어. 즉 천황에게 신성함을 부여하여 천황이 백성들을 지배하는 것이 정당하다는 걸 알리고 싶었던 거야.

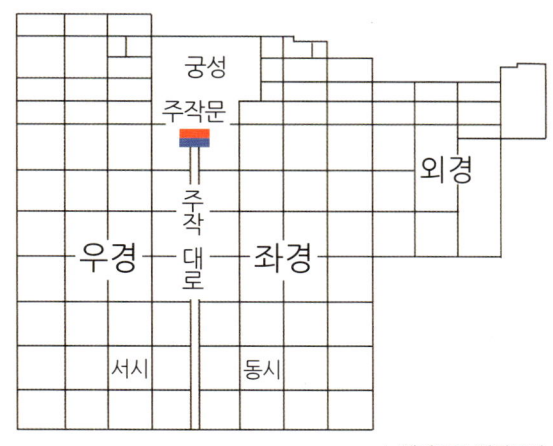

▲ 헤이조쿄 평면도야. 계획도시 나라에는 천황의 궁궐과 관청, 사원과 귀족들의 저택이 이렇듯 바둑판 모양으로 들어섰어.

◀《일본서기》야. 일본에 현존하는 가장 오래된 역사서이지.

또한 나라 시대에는 불교가 크게 발전했단다. 많은 불교 사원이 세워지고 불상도 만들어졌어. 아스카 지역에 있던 절을 그대로 옮겨 오기도 했어. 귀족들도 자신의 신앙심과 힘을 과시하기 위해 앞다투어 커다란 불상을 만들었단다.

700년대 중반으로 접어들면서 잦은 자연재해가 일어나 그로 인해 나라의 형편이 어려워졌어. 그러자 천황은 전국 각지에 큰 사원을 짓고 불상을 만들었어. 부처님의 힘으로 나라의 어려움을 극복하고 싶었던 거야. 하지만 나라의 모든 자원을 사원과 불상을 만드는 데 쏟아붓다 보니 나라의 경제가 파탄이 날 지경이었지. 또한 불교의 영향력이 커지자 승려들이 정치에 개입하고, 관리들은 부정부패를 일삼았어. 결국 천황은 부족한 국가 재정을 보충하기 위해서 농민들에게 온갖 세금을 부과했지. 자연히 민심은 점점 흉흉해졌고, 세

도다이사

도다이사는 나라 시대를 대표하는 절이야. 나라 시대에 불교는 국가 차원의 종교가 되었는데, 이때 도다이사가 중앙 관리 사원의 역할을 하며 국가 불교의 중심

▼ 도다이사의 대불전 높이 49미터, 가로 57미터, 세로 50미터의 엄청난 규모야. 지금의 것은 1700년대에 재건된 거야.

금을 피해 삶의 터전을 버리고 달아나 도적이 되는 농민들도 생겨났어. 민심을 달래고 나라를 안정시키기 위한 대책이 필요했어. 아스카에서 헤이조쿄로 수도를 옮긴 지 100년도 되지 않았지만 천황은 다시 수도를 헤이안(지금의 교토)으로 옮겼어. 불교 세력이 강한 헤이조쿄를 벗어나 승려들의 정치 개입을 막고 율령제를 다시 일으켜 국가 재정을 확보하려고 한 것이야. 이렇게 해서 나라 시대가 끝이 나고, 794년에 헤이안 시대가 시작되었단다.

지가 되었어. 이 불교 사원에 있는 대불전은 현존하는 세계 최대 규모의 목조 건축물이며, 귀족 불교문화의 상징이야. 대불전에는 역시 세계 최대 규모의 불상으로 높이가 약 16미터에 이르는 비로자나불이 있단다.

◀ 도다이사의 대불이야. 압도적인 규모의 대불은 그 시대의 불교가 얼마나 영향력이 있었는지를 보여 주고 있어.

헤이안 시대와 국풍 문화

천황은 나라를 새로 정비하고 권력을 강화시키고자 헤이안으로 수도를 옮겼지만, 모든 게 천황의 뜻대로 되지는 않았어. 율령제를 다시 정비하고 일본 동북 지역에 살던 민족인 에미시를 정벌하고자 하였지만, 원정은 실패로 끝나고 수도를 정비하는 일마저 귀족들의 반대에 부딪혔어. 게다가 귀족들은 당이 혼란스러워지자, 쇠퇴하는 나라에서는 배울 것이 없다며 사절단의 파견도 중단시켜 버렸어.

그런데 이러한 견당사 제도 폐지는 오히려 전화위복이 되었어. 이것이 일본 고유의 문화를 발전시키는 계기가 된 거야. 이 시기에 황궁을 중심으로 귀족적인 취향의 일본 고유의 색깔을 띤 '국풍 문화'가 발달했어. 또 그와 더불어 가나 문자도 만들어졌어. 황궁의 여인들은 정치에 참여할 수 없었기에 공식적인 문자인 한자를 배울 필요가 없었어. 그래서 어려운 한자 대신 간략하게 줄인 한자를 표음 부호로 사용하게 되었는데, 그 과정에서 가나 문자가 만들어진 거야. 처음에는 편지처럼 단순한 용도로 사용되다가 나중에는 가나 문자로 쓰여진 문학 작품들이 등장하게 되었어. 이러한 국풍 문화는 귀족층으로 더 넓게 퍼져 나갔어. 불교 역시 당의 영향에서 벗어나 일본 고유의 색채를 드러내기 시작했지.

> 전화위복은 재앙이나 근심, 걱정이 바뀌어 복이 된다는 뜻이야.

> 일본식 주택은 못과 작은 산이 딸린 정원이 있어. 내부의 칸막이나 병풍에는 일본의 자연과 풍속에 관한 그림을 그리고 바닥에는 다다미를 깔았어.

이 시기 천황은 정치적 영향력을 거의 발휘할 수 없었어. 당시 천황은 강한 힘을 가진 호족의 딸과 결혼해 다른 호족들을 다스릴 힘을 빌렸는데, 이것이 천황보다 더 강한 힘을 가진 귀족을 만들었어.

일본에서도 천황이 너무 어리거나 여성이면 섭정을 했는데, 쇼토쿠 태자나 나카노오에 황자처럼 황태자가 그 일을 맡는 게 보통이었어. 섭정의 일을 맡아 하는 사람을 '섭관(셋칸)'이라고 해. 그런데 헤이안 시대에는 천황의 외할아버지, 즉 황족이 아닌 신하가 섭관이 되었어. 심지어 천황이 성인이 된 뒤에도 섭관과 동일한 업무를 하

역사 속 재미 쏙

《겐지 모노가타리》

《겐지 모토가타리(겐지 이야기)》는 일본 최고의 고전으로 꼽히는 문학 작품이야. 여성 작가인 무라사키 시키부가 지은 헤이안 시대의 장편 소설이지. 《겐지 모노가타리》는 아름다운 용모와 재능을 갖춘 황자 히카루 겐지의 인생 이야기야. 헤이안 시대의 화려한 귀족 사회를 배경으로 주인공과 그의 후손들의 이야기가 70여 년 동안 네 명의 천황 시기에 걸쳐 장대하게 펼쳐진단다. 긴 시간의 이야기가 펼쳐지다 보니 등장인물만 해도 490여 명에 이른다고 해. 전체 권수도 무려 54권이나 되지. 《겐지 모노가타리》는 귀족 사회의 사랑과 고뇌, 이상과 현실, 영혼의 구원 등의 주제를 나타내고 있으며 발표된 이후 천여 년에 걸쳐 일본의 문예 작품 및 미술, 공예, 음악 등 다양한 분야에 큰 영향을 미쳤어.

▲《겐지 모노가타리》의 한 장면

는 새로운 관직인 '관백(간파쿠)'을 만들기도 했지. 이렇게 헤이안 시대에 섭정이나 관백이 주도한 정치를 '섭관 정치'라고 해. 섭관의 자리에 오를 수 있는 것은 귀족들 중에서도 세력이 가장 큰 다섯 개 가문 출신으로만 한정되어 있었어. 그러다가 후지와라 가문에서 섭관과 관백의 지위를 세습하게 되었어. 하지만 섭관 정치도 영원하지는 않았어.

▼ 후지와라 가문의 별장이었던 뵤도인은 연못을 중심으로, 정원 정면에 아미타불을 모신 아미타전을 배치했어. 일본만의 독특한 양식으로 국풍 문화를 엿볼 수 있어.

📖 세계사가 한눈에 쏙!

01 소가 가문이 권력을 마음대로 휘두르자 호족 세력과 나카노오에 황자가 연합하여 이들을 모두 제거했다. 또한 수도를 아스카에서 나니와(지금의 오사카)로 옮기고 중앙 집권적 정치 체제를 이루기 위한 정치 개혁을 실행했다. 이것이 '다이카 개신'이다.

02 '진신의 난'으로 왕위에 오른 덴무 천황은 중앙 집권제를 강화하고 율령을 제정하여 시행했다.

03 710년, 일본의 수도는 아스카에서 헤이조쿄(지금의 나라현)로 바뀌었다. 헤이조쿄는 당의 수도를 본떠서 만든 계획도시였다.

04 나라 시대에는 불교가 크게 발전했다. 하지만 불교의 융성으로 어려움도 생겼다. 너무 많은 사원과 불상을 만드느라 국가의 재정이 부족해졌고, 승려들은 영향력이 커져서 정치에 개입하기도 했다. 천황은 수도를 헤이조쿄에서 헤이안(지금의 교토)으로 옮기고 나라를 재정비했다.

05 헤이안 시대에 견당사 파견이 중단된 이후, 오히려 일본 고유의 문화인 '국풍 문화'가 발달했다.

3장
무사 정권 시대

| 막부의 시대, 가마쿠라 막부
| 일본의 봉건제
| 남북조를 통일한 무로마치 막부
| 센고쿠(전국) 시대와 영웅들

'사무라이'라는 말 들어 봤니? 위로 질끈 묶은 머리, 통이 넓은 검은색 옷, 옆구리에 긴 칼을 찬 사람들을 책이나 영화에서 본 적이 있을 거야. 중국이나 우리나라는 과거에서 급제한 문인이 사회를 지배했지. 일본도 원래 우리나라나 중국과 마찬가지로 귀족이 지배했는데 무사에게 권력을 빼앗겼어. 그럼 무사는 칼만 쓰는데 어떻게 정치를 했을까? 사무라이라고 불린 무사는 칼을 중시하였고 기마술, 궁술, 검술을 연마했지. 그리고 용맹함과 명예를 자랑으로 여겼단다.

국왕, 귀족, 호족이 나라를 다스렸던 시기가 있었던 일본을 어떻게 무사들이 지배하게 되었는지, 무사들이 어떻게 등장했고 일본을 지배했는지 함께 알아보도록 하자.

▼ 미나모토 가문과 다이라 가문이 패권을 놓고 벌인 겐페이 전쟁

막부의 시대, 가마쿠라 막부

1068년 즉위한 고산조는 오랜만에 후지와라 가문을 외척으로 두지 않은 천황이었어. 외척의 섭정에서 벗어나 직접 정치를 하게 되자 여러 가지 개혁을 시도했어. 그런데 고산조는 천황이 된 지 5년 만에 갑자기 죽고 말았어.

▲ 시라카와 천황

그의 뒤를 이어 새로운 천황의 지위에 오른 시라카와 천황은 즉위한 지 14년이 되던 해, 갑자기 자신의 어린 아들에게 천황 자리를 물려주고 자신은 상황이 되었어. 그리고 이전에 외할아버지인 섭관이 섭정을 하듯이 친아버지가 상황이 되어 어린 천황을 대신하여 정치를 한 거지. 상황이 머무는 곳을 원(院)이라고 하는데, 이곳에서 나오는 명령은 거스를 수 없었어. 상황에게는 실력이 출중한 직속 무사들이 있어서 그 권위는 더욱 높아졌어. 시라카와 상황은 43년간 원정을 하였는데, 그 사이 천황은 세 번이나 바뀌었어. 이후에도 상황 3대에 걸쳐 원정은 100년간 계속되었어.

> 상황이란 자리를 물려준 황제를 뜻하는 말이야.

하지만 천황이 어렸을 때는 몰라도, 성인이 되었는데도 상황의 뜻대로만 정치를 할 수는 없었지. 결국 1156년, 황궁에서는 상황을 지지하는 세력과 천황을 지지하는 세력이 충돌하는 호겐의 난이 일어났어. 싸움은 천황의 승리였지만, 승리한 천황 역시 상황이 되어 원정 정치를 이어 갔어. 한번 잡은 권력을 죽을 때까지 놓고 싶지 않았던 거야. 권력을 잡느냐, 못 잡느냐가 결국 무사들의 실력에 따라 판가름 났기에, 권력이 있는 귀족들은 무사들을 뽑아 자신의 세력을 만들었지. 무사들 역시 자신들이 가진 힘을 깨닫기 시작했어. 그 결과 무사들은 점점 강력해져 결국 천황에게서 정권을 빼앗아 오게 된단다.

처음 전쟁의 발단은 헤이시로 불리는 다이라 가문과 겐지로 불리는 미나모토 가문의 무사단들의 내전이었어. 첫 승리는 다이라 가문이었어. 경쟁자를 제거한 다이라 가문은 옛날 후지와라 가문이 그랬듯 자신의 딸을 천황에게 시집보낸 뒤 권력을 휘두르기 시작했어. 이에 위협을 느낀 황족들은 전국의 무사들에게 다이라 가문을 물리치라고 명령했지. 그래서 전국의 무사들이 모두 일어나서 다이라 가문을 공격했어. 이 전쟁을 겐페이 전쟁이라고 해. 미나모토 가문의 무사들이 이 반란에 가장 앞장섰지. 다이라 가문의 무사들은 천황을 데리고 도망치면서 저항했지만 결국 지고 말았어.

▼ 겐페이 전쟁 당시의 모습을 그린 그림

역사 속 상식 쏙

겐페이 전쟁

헤이안 시대 말기에 일본 전역에서 벌어진 전쟁이야. 겐지(源氏) 가문과 헤이시(平氏) 가문이 힘을 겨룬 전쟁이기 때문에 겐페이(源平) 전쟁이라고 불리게 되었어. 겐페이 전쟁은 일본 역사상 처음으로 전국에서 벌어진 내전이었어. 일부 지방을 제외한 거의 대부분의 지역에서 전투가 벌어졌거든. 헤이안 시대 말기에 접어들자 왕위 계승을 둘러싸고 지배층 내부에서 내란이 발생했어. 헤이시 가문은 조정을 장악하고 있던 세력이었고 겐지 가문은 지방에서 권력을 가진 세력이었지. 하지만 결국 헤이시 가문이 패하고, 겐지 가문이 전국을 장악하게 되었어. 그 결과 겐지 가문을 이끈 미나모토노 요리토모가 막부를 수립한 뒤 막부의 수장인 쇼군이 되어 가마쿠라 막부 정권을 수립했어.

▲ 일본 최초의 무사 정권인 가마쿠라 막부를 세운 미나모토노 요리토모

일본의 봉건제

새롭게 권력을 장악한 미나모토노 요리토모는 그전의 권력자들처럼 천황의 외척이 되어 섭정을 하려 하지 않았어. 그는 직접 일본을 통치하고 싶어 했어. 그래서 먼저 천황에게 '쇼군'으로 임명받고, 부하들과 함께 새로운 정부를 구성했어. 무사들이 집권하며 쇼군이 통치하는 정치를 막부라고 해. 미나모토 가문의 근거지가 간토 지방의

쇼군(정이대장군)은 미나모토노 요리토모가 '세이 다이쇼군'이라는 호칭을 사용한 이래, 무신 정권의 수장이라는 개념으로 사용되었어.

가마쿠라였기 때문에 이 시기를 '가마쿠라 막부 시대'라고 해.

  가마쿠라 막부는 일본의 독특한 봉건제를 확립했어. 쇼군은 자신에게 충성을 맹세하는 무사에게 '장원(땅)'을 내려 주고 그 대가로 무사들은 쇼군이 부르면 언제든 달려와 싸우는 충성의 의무를 가지기로 한 거야. 장원을 받은 영주나 상급 무사를 다이묘라고 하는데 그들은 또다시 자신의 땅을 그 아래의 무사들에게 나눠 주고 똑같은 충성을 요구했지. 하급 무사의 아래에는 농민, 상인, 수공업자 등의 일반 백성들이 있었어. 이후에 들어선 다른 막부들도 마찬가지였어. 새로운 막부가 들어설 때마다 막부의 중심지는 계속 변했지만 천황은 여전히 교토에 머물렀지. 그래서 교토는 마지막 막부인 에도 막부가 끝날 때까지 1,000년 동안 번영할 수 있었어.

막부란 원래 전쟁에 나간 쇼군이 머무는 지휘 본부를 의미했어. 그러나 점차 무사 정권 체제를 가리키는 말이 되었지.

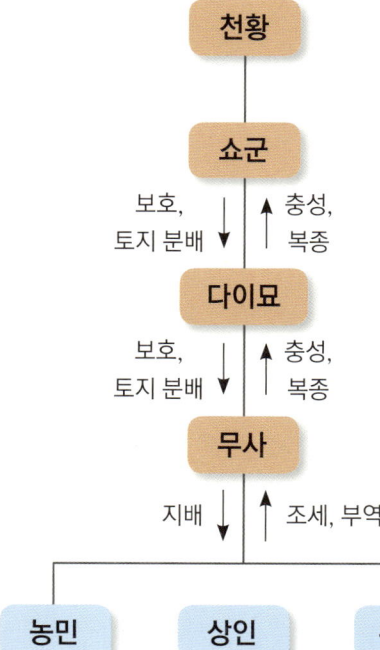

▲ 막부의 통치 형태

  가마쿠라 막부 시대의 무사들은 다이묘에게서 받은 땅에서 살면서 무예 실력을 키우는 데 몰두했지. 자신의 땅을 지키기 위해서는 목숨을 걸어야만 했어.

  가마쿠라 막부가 힘을 키워 나가던 13세기 후반, 일본은 역사상 처음으로 외부의 공격을 받게 돼. 바로 몽골의 침입이었지. 원을 세우고 남송을 멸망시킨 몽골은 고려를 억지로 끌고 일본 규슈에 상륙하여 전투를 벌였어. 일본의 무사들은 필사적으로 싸웠지만, 세계 최강 몽골군을 감당하긴 어려웠어. 당시 일본의 무사들은 일대일의 기마전에 익숙했는데, 몽골군은 많은 군사를 이용해 한꺼번에 몰아붙이는 전법으로 공격했어. 거기에 화약을 가득 채운 새로운 무기, 대포의 등장에 일본군은 무척 당황했다고 해. 그런데 그날 밤 때마침 태풍이 불어와 몽골군들의 함선을 모조리 날려 버렸어. 몽골 원정군은 포기하지 않고 또다시 15만 대군을 몰고 침략해 왔지만 그때도 또 태풍이 불어왔단다. 그렇게 해서 몽골군의 일본 원정은 실패로 돌아갔어.

▲ 간토 지방

▲ 쿠빌라이 칸이야. 원은 1270년 고려를 정복한 뒤 일본 원정에 나섰어.

일본에서는 이때 불어온 태풍을 '신의 바람'이라는 뜻의 '가미카제'라고 불렀어. 그리고 일본은 신의 보호를 받는 '신국'이라고 생각했어. 이는 태양신의 자손인 천황 덕분이라고 여겼기 때문에 일본인들은 천황을 더욱 신성한 존재로 생각하게 되었지.

기마전은 말을 타고 하는 싸움을 말해.

남북조를 통일한 무로마치 막부

전쟁은 승리로 끝났지만, 가마쿠라 막부에게는 전쟁을 수습할 여력이 없었어. 방어 전쟁이었기 때문에 목숨을 걸고 싸운 무사들에게 상으로 내려 줄 새로운 땅도 없었고, 또다시 몽골군이 쳐들어올 수도 있으니 그에 대한 대비도 해야만 했어. 그래서 막부에서는 무사들에게 방어 시설을 만들 비용을 요구했지. 무사들의 불만이 높아지는 건 당연한 일이었어.

▲ 고다이고 천황

이때 황족인 고다이고가 가마쿠라 막부에 반기를 든 무사들과 함께 가마쿠라 막부를 공격했어. 결국 몽골의 침입이 150여 년간 권력을 잡았던 가마쿠라 막부를 무너지게 한 거야. 1333년 가마쿠라 막부가 사라지자 고다이고는 천황 자리에 올라 직접 정치를 했어. 고다이고 천황은 천황의 권위를 세우기 위해 정치 개혁을 서둘렀어. 하지만 150년 동안 권력을 잡았던 무사들은 막부의 부활을 꿈꾸었지. 새로운 천황의 정권이 수립된 지 1년도 되지 않아 각지에서 무사들의 반란이 잇달아 일어났어.

무사들은 당시 최고 무사 가문의 수장 아시카가 다카우지의 아래로 속속 모여들었고, 결국 다카우지가 정권을 탈취하여 새로운 막부를 세웠어. 교토의 무로마치 거리에 막부가 있었기 때문에 '무로마

◀ 무로마치 막부를 세운
아시카가 다카우지

치 막부'라고 해.

그러자 고다이고 천황은 하늘에서 가져왔다는 천황의 상징인 신종 삼기(옥, 거울, 검)를 들고 재빠르게 오늘날의 나라현에 있는 요시노로 도망가서 새로운 정부를 세웠어. 일본 땅에 두 개의 조정이 생긴 거야. 고다이고 천황이 요시노에 세운 나라를 남조, 무로마치 막부를 북조라고 해서 이 시기를 '남북조 시대'라고 하지. 이 시기에는 천황도 두 명이였어. 남조와 북조는 60여 년간 싸우다가, 결국 1392년 다카우지의 손자인 아시카가 요시미쓰가 일본 전체를 장악하게 되지. 그러자 남조의 천황이 북조의 천황에게 천황의 지위를 양보하고 대신 남조의 황자를 황태자로 삼기로 했어. 이렇게 해서 남조의 천황은 신종 삼기를 북조의 천황에게 넘기고 자리에서 물러났어. 이리하여 남북조는 통일되었단다. 이후 천황은 500여 년간 정치에는 전혀 관여할 수 없게 되었어. 이때부터 쇼군이 일본을 완벽하게 통치하게 된 거야. 천황은 더욱 무력화되었지.

남북조가 대립하던 60여 년은 중앙 정부의 힘이 약할 수밖에 없었어. 그 기간 동안 지방의 다이묘들은 독자적인 힘을 키워 나갔는데, 경제력을 키우기 위해 중국, 한반도와 무역을 시작했어. 또 이즈음 일본에서는 모내기법이 보급되면서 쌀 생산량이 크게 늘어났단다. 남아도는 쌀로 중국과 한반도에서 들어오는 물품을 사려는 사람도 생겨났어. 자연히 상업이 발달하면서 곳곳에 상설 시장이 생겼지.

하지만 일반 백성들의 삶은 크게 나아지는 게 없었어. 증가한 쌀 생산량만큼 쌀값은 떨어지고 수입이 줄어든 다이묘들은 세금으로 더 많은 쌀을 거두어들였거든. 게다가 이전 몽골군과의 전쟁으로 가난해진 무사들이 자신의 장원을 팔아 갈 곳 없는 신세가 되었고 농민들 역시 세금을 피해 떠돌아다녔어. 이들은 모여서 도적이 되었고, 무리 지어 다니며 사회를 어지럽혔어. 그중 해안가에 살던 무리들은 일본을 오가는 무역선에 눈독을 들였어. 그들은 해적이 되어 바다를 오가는 무역품들을 가로챘단다. 이들을 왜구라고 해. 왜구는 날로 늘

◀ 왜구 모습 상상도

어서 그 규모가 400~500척이나 되는 배에 대략 1,000여 명이 타고 있을 정도로 성장했다고 해.

당시 한반도와 중국, 일본은 거의 동시에 정치적 혼란을 맞이하고 있었어. 중국에서는 원과 명이 교체되고, 한반도에서는 고려가 망하고 조선이 막 세워진 참이었지. 일본은 남북조로 나뉘어 있었어. 그러다 보니 왜구에 적극적으로 대처할 여력이 없었고, 왜구는 더욱 극성을 부린 거야. 하지만 조선에서는 세종 1년에 왜구의 주 근거지였던 쓰시마섬을 공격했어. 또한 명에서는 무로마치 막부에게 왜구 단속을 의뢰하고 그 대가로 명과의 독점 무역을 허락했어. 명과의 무역에 막대한 이익이 생기자 무로마치 막부는 적극적으로 왜구를 단속하게 되었단다. 하지만 16세기에 명의 해금 정책을 어기고 몰래

해금 정책이란 해상 교통·무역·어업 등을 제한하는 거야. 백성들과 상인들이 금지된 물건을 가지고 해외로 나갈 수 없었고, 모든 배의 입항과 출항을 엄격히 관리했지.

거래를 하는 밀무역이 생겨나면서 다시 왜구들이 들끓기 시작했어. 무역의 이익을 포기할 수가 없었던 명 상인과 왜구들이 서로 손을 잡은 거야. 심지어 해적은 세금도 내지 않잖아. 그래서 중국인들 중에서는 스스로 일본인 행세를 하면서 해적에 적극 가담한 사람도 많았어. 이후 일본을 통일시킨 도요토미 히데요시가 해적 금지령을 내려 왜구를 단속하자 점차 자취를 감추었지.

무로마치 막부는 약 240년간 계속되었는데, 그동안 쇼군 열다섯 명이 나왔어. 무예를 숭상하는 무사들은 칼로 권력을 잡았지만, 그 칼이 권력을 빼앗아 갈 수 있다는 사실을 누구보다 잘 아는 사람들이었어. 그들은 늘 마음을 안정시키기 위해 노력했어. 그래서인지 무로마치 막부 시대에는 마음을 안정시키는 다도나 꽃꽂이, 정원 문화가 발달하게 돼. 다도란 차를 마실 때의 방식이나 예의범절을 말해. 다이묘들은 다회를 열어 자신의 세력을 드러내는 동시에 무사들 사이의 친목을 다졌지. 차를 마시거나 정원을 가꾸면서 마음을 다스린 거야. 이러한 사무라이들의 문화는 점차 일반 백성들에게로 퍼져 나가 오늘날에까지 이르게 된단다.

> 다회란 차를 마시며 노는 모임이야.

◀ 료안사는 교토에 있는 절인데, 방장 앞의 돌 정원은 걸작으로 유명해. 무로마치 막부 시대 후기에 만들어진 것으로 추정돼.

무로마치 막부 시대 후기에 접어들면서 농민과 상공업자들의 서민 계층이 성장했어. 농민들은 지배 계급(무사)에 대한 방어 수단으로 스스로 규칙을 정하여 마을을 자치적으로 운영했어. 이들은 무엇보다도 일치단결을 중요시했는데, 정해진 규칙을 따르지 않으면 엄벌에 처하기도 했지.

> 일치단결은 여럿이 마음을 합쳐 한 덩어리로 굳게 뭉친다는 뜻이야.

당시의 마을 규칙의 엄격함을 보여 주는 일화가 있어. 어떤 마을에서 공동으로 소유하는 녹말가루를 한 과부가 훔친 사건이 발생했어. 이를 엄격하게 처벌하지 않으면 마을의 단결이 깨진다고 생각했던 마을 사람들은 과부와 그의 아들을 체포하여 처형했어. 그 지역의 다이묘는 그만한 일로 사람을 죽일 필요까지는 없다고 했지만 마을 사람들의 규칙에는 다이묘조차 아무런 제재도 가할 수 없었어. 오히려 다이묘들이 지나치게 간섭하거나 세금을 강요하면 마을 사람들이 들고 일어나 저항했어. 전쟁으로 마을에 쳐들어온 군대를 마을 사람들이 무력으로 쫓아낸 경우도 있었다고 해.

상공업자들은 사카이, 하카타 같은 자치적인 자유 도시를 만들었어. 그들은 중국과의 무역에서 큰 이익을 얻은 상인들을 중심으로 자신들만의 자유 도시를 운영하면서, 도시 주변에 깊은 호를 파서 무사들의 접근을 막았어. 무사들이 간섭하거나 공격하면 용병을 고용하여 그들을 몰아내기도 했어.

하지만 이러한 서민 세력의 성장도 센고쿠(전국) 시대에 힘이 센 다이묘들이 대거 등장하면서 억제되었어. 한 예로 무로마치 막부 시대 이후에 등장하는 오다 노부나가는 자유 도시 사카이를 굴복시켜 직접 관할하며 무력 봉기를 철저히 탄압했지. 모처럼 등장한 서민 세력이 무사들의 힘 앞에서는 무릎을 꿇을 수밖에 없었던 거야. 서민들이 다시 역사에 등장하는 것은 300여 년의 시간이 더 지나야만 했어.

센고쿠(전국) 시대와 영웅들

무로마치 막부 말기에 쇼군의 후계자 선정 문제로 '오닌의 난'이 일어났어. 오닌의 난은 당시의 쇼군 아시카가 요시마사의 무책임한 태도 때문에 발생했어. 8대 쇼군 아시카가 요시마사는 아내와의 사이에서 아들을 갖지 못하자 자신의 동생을 후계자로 삼았어. 그런데 뒤늦게 아들을 낳은 거야. 쇼군의 아내는 아들이 쇼군이 되길 원했어. 결국 동생과 아들이 후계자 문제로 다투기 시작하였는데, 요시마사는 양쪽에 어떠한 결론이나 방법도 제시하지 않고 훌쩍 여행을 떠나 버렸어. 그러고는 후계자들 사이의 대립이 전쟁으로 번질 때까지 아무 조치도 취하지 않았단다. 이에 전국의 무사들은 쇼군의 동생을 지지하는 파와 쇼군의 아들을 지지하는 파로 나뉘어 대립했어. 전국에서 몰려온 25만 명의 군대가 둘로 나뉘어 싸우는 바람에 교토는 초토화되었고, 난은 지방으로 확대되었지. 난은 10년 넘게 계속되어 사회적·정치적 혼란이 커졌어. 막부의 권위는 땅으로 떨어졌지. 이 혼란 속에서 새로운 패권을 잡기 위한 다이묘들 간의 전쟁이 이

> 패권이란 어떤 분야에서 우두머리나 으뜸의 자리를 차지하여 누리는 공인된 권리와 힘을 말해.

▲ 오닌의 난 당시의 모습을 그린 그림

후 100여 년간 일본 전역에서 일어나게 돼. 이 시기를 '전국 시대'라고 한단다.

전국 시대에 분열되었던 일본은 오다 노부나가의 등장으로 드디어 통일을 이룰 수 있는 기반을 마련하게 돼. 그는 20여 년에 걸쳐 전국을 통일해 나갔어. 후대의 역사학자들은 그 원동력을 오다 노부나가의 혁신성 때문이라고 평가하고 있지.

기록에 의하면 오다 노부나가는 새로운 것을 매우 좋아했다고 해. 기존의 가치에 구애받지 않고 새로움에 관심을 가졌던 그는 서양식

▲ 오다 노부나가

무기인 '조총'을 가장 먼저 받아들였어. 당시 일본에 들어온 포르투갈 상인들을 통해 조총을 처음 접한 그는 조총의 숨겨진 힘을 꿰뚫어 보았지. 오다 노부나가는 곧 조총을 만들어 낼 수 있는 자유 도시 사카이를 직할시로 삼아 대량으로 조총을 생산하게 했어.

조총의 위력은 1575년 '나가시노 전투'에서 빛을 발휘했어. 이 전투는 나가시노성에서 오다 노부나가와 도쿠가와 이에야스의 연합군과 다케다 가쓰요리 군대 사이에 벌어진 전투야. 오다 노부나가와 도쿠가와 이에야스 연합군은 3만 8천여 명에 이르렀지만 다케다 가쓰요리 군대는 1만 5천여 명뿐이었어. 당시 최강이라 불렸던 다케다 가쓰요리의 기마대였지만 이렇게 병력의 차이가 있는 데다, 오다 노부나가와 도쿠가와 이에야스 연합군이 내세운 최신 병기, 대포와 조총 3천 자루에는 속수무책으로 당할 수밖에 없었어. 결국 오다 노부나가와 도쿠가와 이에야스 연합군이 나가시노 전투에서 승리했어. 이로써 오다 노부나가는 일본 전국 통일에 한 걸음 더 다가갈 수 있었지.

▲ 다케다 가쓰요리

▼ 나가시노 전투 장면이 그려진 그림이야. 오다 노부나가는 총을 이용한 전술을 개발해서 다케다 가문의 기병대를 상대로 크게 이겼어.

이 전투는 본격적으로 대포와 조총이 사용되어 이전까지와는 전혀 다른 모습의 전투였다는 데에 큰 의미가 있어.

오다 노부나가는 자신을 거역하는 종교 세력을 철저히 억눌렀는데, 히에이산의 승방(승려들이 사는 집)을 모두 불태우고 승려 3,000여 명을 살해했어. 당시에는 승려들이 마음에 들지 않아도 부처나 하늘의 벌이 무서워 차마 공격하지 못했는데, 오다 노부나가는 종교나 전통적인 권위에 대한 두려움이 없었어.

오다 노부나가는 자신의 군대를 용병으로 채워 언제든지 전투를 치를 수 있는 기동력도 키웠어. 당시 대부분의 군사는 농민이었기에 농한기에만 군대를 일으킬 수 있었거든. 그는 합리성을 매우 중요하게 여겨 쓸모가 없으면 중요한 관직에 있는 신하라고 할지라도 과감하게 자리에서 내려오도록 했어. 그의 이러한 과감함은 전국 통일의 꿈에 바짝 다가가게 했지. 그러나 그의 이처럼 냉혹한 성격을 두려워한 부하의 배신으로 오다 노부나가는 교토 혼노사에서 죽게 돼.

▼ 오다 노부나가가 죽음을 맞이한 혼노사에는 그의 사당이 있어.

▲ 도요토미 히데요시야. 일본의 장군이자 정치가로, 일본 통일을 이룩한 인물이야. 우리나라에 임진왜란을 일으킨 인물이기도 해.

지략이란 어떤 일이나 문제를 명확하게 분석하고 평가해서 대책을 세우는 슬기와 계략을 뜻해.

오다 노부나가의 뒤를 이어 일본 통일의 꿈을 이룬 사람은 그의 부하였던 도요토미 히데요시였어. 그는 가난한 농부의 아들이었지만 재치와 지혜로 성공을 거둔 사람이야. 일본인들은 그를 역사상 가장 영리한 사람이라고 평가하는데, 그는 오다 노부나가의 신하였을 때 오다 노부나가의 신발을 늘 가슴에 품고 다녔대. 자기가 섬기는 무장에게 따뜻한 신발을 신게 하기 위해서였지. 그는 재치 있는 언변과 영리한 머리로 지략을 잘 짰는데, 이런 능력으로 오다 노부나가의 신임을 받아 높은 자리까지 오르게 되었어. 능력만 있다면 농부의 아들이라는 신분적 한계도 무시하고 받아들이는 오다 노부나가의 합리성 때문에 가능한 일이었어. 도요토미 히데요시는 오다 노부나가가 죽임을 당할 당시 모리 가문과 전투를 벌이고 있었는데, 그는 오다 노부나가의 전사 소식을 듣자마자 모리 가문과 곧바로 화해하고 교토로 달려가 오다 노부나가를 죽인 부하의 목을 베었어. 이 신속하고 정확한 판단으로 도요토미 히데요시는 오다 노부나가의 후계자가 되었어. 이후 오다 노부나가의 뒤를 이어 전국 통일에 박차를 가했어.

도요토미 히데요시는 오다 노부나가와는 달리 적에게 관대한 사람이었어. 패배한 적장을 죽이지 않고 자신의 부하로 삼았고 적장의 땅도 몰수하지 않았어. 하지만 농민 출신이라는 신분 때문에 권위를 내세울 수 없었어. 그래서 그는 조정을 움직여 '도요토미'라는 성을 받고, 관백의 직책을 이용해 지배의 정당성을 획득하려고 했어.

1590년 드디어 전국을 통일한 도요토미 히데요시는 토지 조사를 실시하여 세금을 확보하고 전국의 다이묘들을 통제하였지. 그리고 무사, 농민, 상민, 수공업자 등 백성들의 계층을 철저히 구분하여 거주지를 계층별로 나누었어. 무사들은 다이묘가 사는 성 근처에 머물게 하고, 농민은 농사만 짓게 했어. 또한 무사에게 계속해서 칼을 지닐 수 있는 특권을 주고, 농민들이 무장하여 무사가 되지 못하도록 했어. 계급이나 신분이 낮은 계층이 윗사람을 꺾고 오르는 것을 철저하게 막은 것이지.

역사란 참 아이러니하지 않니? 도요토미 히데요시 자신이야말로 농민의 아들이었는데 말이야.

이렇게 해서 전국을 안정시킨 도요토미 히데요시는 중국 대륙으로 진출할 계획을 세웠어. 일본 통일에 자신감을 얻어 명을 지나 인도까지 모든 천하를 움켜쥐겠다는 원대한 꿈을 꾸었지. 또한 나라가 안정되었다고는 하지만 오랜 전쟁으로 단련된 수많은 무사들의 시선을 밖으로 돌릴 필요도 있었어. 그렇지 않으면 내전이 일어날 수 있었으니까 말이야. 거기다 명이 나라의 문을 닫고 모든 무역을 중지시키자 아쉬운 것도 많았지. 일본 상인들도 히데요시에게 명과 교역을 할 수 있게 해 달라고 졸랐어. 무역이 늘면 더 많은 세금을 거둘 수 있으니 도요토미 히데요시로서는 나쁠 게 없었지.

도요토미 히데요시는 명으로 들어가는 길목인 조선으로 군사를 보냈어. 이렇게 임진왜란이 일어났어. 명분은 명으로 가는 길을 내주라는 것이었지만 사실은 명보다 먼저 조선을 차지하려는 속셈이었어. 하지만 가볍게 정복할 수 있을 거라 예상했던 조선의 저항이 만만치

▲ 이순신

이 전쟁을 조선에서는 임진왜란, 명에서는 만력의 역, 일본에서는 분로쿠·게이쵸의 역이라고 불러. 또는 7년 전쟁이라고도 한단다. 그래서 최근에는 각국의 입장을 고려하여 임진·정유 전쟁이라는 표현을 쓰기도 해.

않았어. 오랫동안 전쟁을 치르지 않았던 조선은 처음에는 무기력하게 무너져 내리는 듯했지만, 곧 전열을 가다듬고 반격을 시작했어. 조선의 관군은 패배를 거듭했지만 조선 곳곳에서는 의병이 일어났어. 거기에 조선 수군의 명장 이순신이 해전에서 계속 승리하자 일본군은 본국으로 오가는 바닷길이 막혀 버렸어. 일본에서 무기와 식량을 공급받을 수 없게 되자, 일본군은 조선을 약탈해서 수많은 병사를 먹여야만 했어. 그런 상황 속에서 명이 조선에 지원군을 보내왔단다. 명과 조선 연합군에 의해 일본군은 밀리기 시작했어. 조명 연합군과 일본의 싸움은 7년이나 이어졌단다. 이 전쟁은 1598년 갑작스러운 도요토미 히데요시의 죽음으로 막을 내렸어. 일본군은 본국으로 빠르게 물러났지. 조선과 명 연합군이 전쟁에서 승리했다고는 하지만 결과는 참혹했단다. 조선은 온 나라가 황폐화되었고, 명은 전쟁에 쏟아부은 엄청난 지출을 감당할 수 없어 나라가 휘청거렸어. 그리고 일본은 당장이라도 내전이 일어날 상황이었지.

도요토미 히데요시가 어린 아들만 남겨 두고 죽었기 때문에 전국의 다이묘들은 다시 권력을 차지하기 위해 동군과 서군으로 세력이 나뉘어졌어. 이 두 세력은 세키가하라 전투에서 맞붙었는데, 결국 도쿠가와 이에야스가 수장으로 있는 동군이 이기게 돼. 도쿠가와 이에

▼ 세키가하라 전투

야스는 도요토미 히데요시의 어린 아들의 보호자를 자처하며 권력을 잡았어. 하지만 이후 도요토미 히데요시의 아들 히데요리를 제거하기 위해 그와 전쟁을 벌였단다. 결국 1615년, 도쿠가와 이에야스는 도요토미 히데요리가 머무는 오사카성을 함락시켰어. 히데요리가 자결함으로써 도요토미 가문은 사라지고, 도쿠가와 이에야스가 권력을 차지하게 돼. 그때 도쿠가와 이에야스는 70세가 넘은 노인이었어. 그가 천하를 손에 쥘 수 있었던 것은 끈기와 인내심 덕분이라고 해. 도쿠가와 이에야스는 일곱 살 때부터 13년간 인질 생활을 했고, 가문을 위해 아내와 아들을 죽이기도 했단다. 또한 도요토미 히데요시 밑에서 삼엄한 견제와 굴욕을 견디면서 버티었어. 하지만 결국 최후의 승자가 되었지. 일본인들은 이를 떡에 빗대어 '노부나가가 준비한 떡을 도요토미가 굽고 이에야스가 먹어 버렸다.'라고 표현한단다.

이제 일본은 전국 시대의 혼란을 끝내고, 오랜 평화의 시기를 맞이하게 돼. 도쿠가와 가문의 '에도 막부 시대'가 열린 거야.

▲ 도쿠가와 이에야스

◀ 오사카성이야. 도요토미 히데요시가 일본 통일을 달성한 뒤에 세운 성이야. 두 번의 화재로 원래 성은 불타고 복원된 모습이 남아 있지.

📖 세계사가 한눈에 쏙!

01 헤이안 시대 말기 왕권이 약해지면서 무사 계급이 성장하게 되었다. 무사 가문 사이에 벌어진 전쟁인 '겐페이 전쟁'이 일본 전역에서 일어났고, 이 전쟁으로 최초의 무사 정권인 가마쿠라 막부가 시작되었다.

02 막부는 쇼군이 자신에게 충성을 맹세한 무사들에게 토지를 지급하고 무사들은 쇼군에게 충성의 의무를 가지는 봉건제를 확립했다.

03 막부가 성립된 뒤 막부의 쇼군이 일본을 실질적으로 다스리고 천황은 형식적인 존재로 남게 되었다.

04 가마쿠라 막부 이후에 들어선 무로마치 막부는 남조와 북조로 나뉜 일본을 다시 통일했다. 이 시기에 터전을 떠난 농민들이 도적과 왜구가 되어 사회를 어지럽혔다. 반면 무사들을 중심으로 다도와 꽃꽂이, 정원 문화 등의 문화가 발달했다.

05 오닌의 난으로 막부의 권위가 땅에 떨어지자 패권을 잡기 위한 무사들 간의 세력 경쟁이 시작되면서 센고쿠(전국) 시대가 전개되었다. 오다 노부나가가 전국 통일의 기반을 닦았고 도요토미 히데요시가 전국을 통일했다.

06 도요토미 히데요시는 일본 통일 이후 조선을 침략하여 임진왜란을 일으켰다. 임진왜란은 7년 동안 이어졌고 도요토미 히데요시가 죽은 뒤 전쟁은 끝이 났다.

冨嶽三十六景 神奈川沖浪裏
北斎改爲一筆

4장
에도 막부

| 에도 막부의 새로운 통치 방법
| 도시의 발달과 조닌 문화
| 외국과의 교류로 발전한 학문

에도는 오늘날 일본의 수도인 도쿄의 옛 이름이야. 센고쿠 시대 도요토미 히데요시는 도쿠가와 이에야스의 세력이 커지는 것을 막기 위해 그를 권력의 중심지인 교토에서 멀리 떨어진 간토 지방으로 보내 버려. 도쿠가와 이에야스가 영지로 받은 당시의 에도는 황량한 갯벌과 습지로 이루어진 가난한 어촌 마을이었어. 하지만 도쿠가와 이에야스가 영지를 개간하고 정비하면서 에도는 번영을 누리기 시작한단다. 또 영지의 위치가 혼슈섬의 동쪽 구석에 있다 보니 도쿠가와 이에야스는 임진왜란 때 자신의 군대를 조선에 보내지 않아도 되었어. 그 덕분에 다른 다이묘들과 달리 온전히 군대를 유지하면서 힘을 키울 수 있었지. 그 결과 도요토미 히데요시가 죽은 뒤 도쿠가와 이에야스는 전국의 통치권을 장악하여 에도 막부 시대를 열 수 있었어.

에도 막부 시대에는 중앙 집권적 봉건제가 발전했어. '산킨코타이'와 '막번 체제'가 이를 뒷받침했지. 상업과 화폐 경제가 발달하면서 '조닌'이라는 새로운 계층이 성장했단다. 에도 막부는 '쇄국 정책'을 펼쳤지만 필요한 부분에서는 외국과의 교류를 허용했어. 그 결과 다양한 외래문화가 들어올 수 있었지.

그럼 에도 막부는 이전의 막부와 어떤 점이 달라졌는지 좀 더 자세히 살펴볼까?

◀ 에도 막부 시절 에도의 전경

에도 막부의 새로운 통치 방법

에도 막부는 1603년부터 메이지 유신이 시작된 1868년 전까지, 260여 년 동안 흔들리지 않고 평화와 질서를 유지했어. 그것을 가능하게 한 것은 바로 막부의 엄격한 통치 방법이었어.

에도 막부는 가장 먼저 다이묘들의 군사력과 경제력을 줄이는 정책을 폈어. 다이묘들이 힘과 경제력을 가지면 반란을 일으키기 쉬워지기 때문이야. 다이묘들의 힘을 약화시키기 위해 막부는 전국의 땅을 300여 개로 쪼개고 직접 영주를 임명했단다. 이렇게 작게 쪼개진 땅을 '번'이라고 하는데, 각 번의 자치는 인정해 주었지. 이것을 '막번 체제'라고 한단다. 하지만 어떤 다이묘에게 어떤 번을 줄 것인지는 막부의 쇼군에게 바치는 충성도에 따라 달라졌어. 에도 막부에서는 다이묘들에게 등급을 매겨 관리했어. 당연히 도쿠가와 가문의 친족들은 최고 등급의 다이묘로 임명되어 쌀 생산량이 많고 교통이 발달된 좋은 땅을 받았어.

반면 세키가하라 전투 때 도쿠가와 이에야스의 반대편에 섰던 다이묘들은 등급이 낮았지. 낮은 등급을 받은 다이묘들은 에도에서 멀리 떨어진 변두리 지역을 영지로 받았어. 거기다 영지 주변에 막부가 직접 관리하는 땅이나 도쿠가와 가문의 가신들의 영지가 있어 늘 감시를 받았어. 막부에서는 다이묘들의 충성도가 떨어지면 영지를 몰수하고 다른 영지로 보내 버리기도 했어. 이런 식으로 막부에서는 계속 다이묘들의 충성도를 경쟁시키며 이들을 견제해 나갔어. 또 '일

> 자치는 지방의 정치와 행정을 그 지방에서 스스로 다스리는 일이야.

> 에도 막부의 '막번 체제'는 쇼군의 통치 기구인 '막부'와 다이묘의 영지인 '번'을 합쳐서 부르는 말이야.

> 에도 막부의 법은 매우 엄격해서 도쿠가와 이에야스부터 3대 쇼군 시대까지 120개의 영지가 압수되기도 했단다.

국일성령'이라 하여 영지 안에 성을 하나만 두도록 했어. 다이묘들이 머무는 성을 제외하고 나머지 성을 모두 없애서 방어력을 약화시킨 거지. 거기에 더하여 다이묘들을 통제하는 법을 만들어 이를 어긴 다이묘의 영지는 압수하거나 줄여 버렸어.

다이묘의 경제력을 가장 약화시킨 건 '산킨코타이'와 '후신야쿠'라는 제도였어. 산킨코타이는 다이묘들의 후계자와 부인을 에도에 살게 하고, 다이묘들이 1년에 한 번씩 차례로 에도로 와서 쇼군에게 충성을 맹세하게 하는 제도야. 산킨코타이 때문에 에도에 오는 다이묘는 그 행렬을 준비하기 위해 많은 돈을 쓸 수밖에 없었어. 행렬이 초라하면 자신의 권위가 떨어지기 때문이지. 행렬을 꾸려 에도를 오가는 경비는 다이묘들에게 큰 부담이었어. 물론 에도에서 생활하는 부인과 후계자의 생활비로도 많은 돈이 들어갔어.

후신야쿠는 막부가 가지고 있는 성곽 등 공공건물을 수리할 때 공사비를 다이묘들이 부담하는 제도야. 이래저래 다이묘들의 경제력은 줄어들 수밖에 없었어.

반대로 막부의 재정은 풍요로웠지. 물론 다른 다이묘들보다 훨씬 많은 땅을 가진 덕분이기도 했지만 가장 큰 이유는 백성들에게 세금을 잘 거둬들였기 때문이었어. 막부는 확실하게 세금을 거둘 수 있도록 여러 가지 정책을 시행했단다. 먼저 농민들의 토지 매매를 금지시키고 토지의 분할 상속을 엄격히 제한했어. 땅이 없으면 농민들

은 떠돌이가 되거나 가난해질 수밖에 없어. 그러면 나라에 세금도 낼 수가 없게 되지. 그래서 토지에 대한 엄격한 법을 만들어 시행한 거야. 또한 막부는 일반 백성들의 세세한 생활까지 규칙으로 정해 간섭했어. 농민들이 사치스러운 생활에 빠져 경제가 파탄이 날까 염려했던 거야. 심지어 이웃 중 한 사람이 세금을 못 내거나 범죄를 저지르면 이웃들이 이를 함께 책임지는 연대 책임 제도를 두었어. 이 때문에 당시 사람들은 이웃의 경제 상황이나 생활까지 신경 쓰며 살아야 했지.

백성들이 지켜야 하는 규칙들 중에는 '사치하는 부인과 인연을 끊어라.', '술과 차를 마시지 마라.', '옷은 목면만 입는다.' 등이 있었어.

하지만 막부 초기의 강력한 무단 정치로는 안정된 통치를 이끌어 낼 수 없었지. 이에 한계를 느낀 에도 막부는 유교를 적극적으로 받아들이면서 덕치주의적 이상 정치를 실현해 나갔어. 유학은 나라와 왕에 충성하는 것을 중요하게 생각하는 학문이었거든. 하지만 시간이 갈수록 조금씩 유교의 이상주의, 형식주의에 빠져 현실적인 문제를 해결하지 못하면서 사회가 혼란스러워지기 시작했어. 사회를 안정시키기 위해 막부는 약 50년마다 세 차례에 걸쳐 정치 개혁을 실시하게 돼. 이러한 개혁은 잠시나마 에도 막부의 재정을 조금 나아지게 만드는 것처럼 보였어. 하지만 농민들과 농업을 국가의 기반으로 삼는 농본주의를 원칙으로 하는 막부 체제는 서서히 상업 자본주의 앞에서 흔들리기 시작했어.

무단이란 무력이나 억압을 써서 강제로 행하는 것을 뜻해.

덕치주의란 덕망이 있는 지도자가 도덕적으로 사람들을 가르치고 지도하는 정치 사상을 말해.

▼ 에도 시대의 산킨코타이 행렬을 그린 그림

살생 금지령

에도 막부의 5대 쇼군 도쿠가와 쓰나요시는 모든 생물에 대한 살생 금지령을 내렸어. 그것은 한 승려의 말 때문이었어. 도쿠가와 쓰나요시에게는 아들이 없었는데 승려는 그 이유가 그가 전생에 살생을 많이 했기 때문이라고 했지. 승려는 쇼군에게 후계자를 얻으려면 생명을 귀중히 여겨야 한다고 했어. 덧붙여 쇼군이 개띠였기 때문에 특히 개를 귀하게 여기라고 충고해 주었지. 그래서 쇼군은 그가 통치한 24년간 동물 애호령을 60회에 걸쳐 발표했어. 1호 법령은 '쇼군이 지나가는 길에 개와 고양이가 지나가도 상관없다.'였지. 그러다 '집에서 기르는 개의 털 색깔을 신고하라. 물고기, 새 등을 식용으로 키우지 마라. 말과 소에게 무거운 짐을 지우지 마라. 낚시를 하지 마라.' 등 지나친 요구들이 발표되기 시작했어. 심지어는 뺨에 붙은 모기를 죽인 무사가 먼 섬으로 유배되기도 하고 제비를 죽인 사람이 처형당하는 일까지 일어났지. 살생 금지령을 내린 이후, 에도의 거리에는 먼지가 자욱했대. 도로에 먼지가 일지 않도록 물을 뿌리면 모기의 애벌레인 장구벌레가 죽을지도 모르니 물조차 뿌릴 수 없었던 거야. 도쿠가와 쓰나요시는 살생 금지령이 자신이 죽고 나서도 100년 뒤까지 이어졌으면 좋겠다고 했지만, 살생 금지령은 그의 장례식이 끝나기도 전에 폐지되었어.

▶ 도쿠가와 쓰나요시

도쿠가와 쓰나요시는 개를 너무 중요하게 생각해서 '이누쿠보'라는 별명이 있었대. 이누쿠보는 '개 쇼군'이라는 뜻이야.

도시의 발달과 조닌 문화

에도 시대 중기에 이르러 상업은 더욱더 발전했어. 사실 제일 먼저 상업의 발전을 이끈 사람은 전국 시대의 오다 노부나가였어. 이전까지 일본에서는 농업을 귀하게 여기고 상업은 천하게 여겼어. 하지만 실용성과 합리성을 중시했던 오다 노부나가는 예전 귀족들과 승려들이 장악한 상권을 완전히 없애 버리고, 일반 상인들의 상업 활동을 적극 장려했어. 시장세나 도시세 같은 세금도 받지 않았지.

그 뒤를 이은 도요토미 히데요시 역시 상품 유통의 중요성을 알았고, 농업이 아니라 해외 무역으로 더 많은 세금을 거둘 수 있다는 걸 알았어. 그래서 무로마치 막부 시대 이후 무역항으로 계속 번영을 누리던 자유 도시 사카이에 많은 관심을 보였어. 또한 일본을 하나의 시장으로 만드는 구상을 하여 실행에 옮기기도 했어. 즉, 각 지역에서 소비하고 남은 쌀을 오사카의 시장으로 보내어 판매하고, 다시 필요한 곳으로 보내도록 한 거야. 이로 인해 쌀뿐만 아니라 전국에서 다양한 상품들이 오사카로 모여들었어. 덕분에 오사카는 점점 더 큰 도시로 발전했지. 오사카뿐 아니라 천황이 있는 교토, 막부의 중심지인 에도에는 언제나 사람과 물자로 발 디딜 틈이 없을 정도였어.

거기에 더해 에도 시기에서부터 시행된 산킨코타이는 상업을 더욱 발달시키는 촉진제가 되었어. 1년에 한 번씩 다이묘들이 에도에 올 때마다 움직이는 가신과 호위병, 시종들의 수는 엄청났지. 그 많은 사람들이 함께 움직이다 보니 자연스럽게 도로와 교통망이 정비

◀ 에도 시대 도시와 교통의 발달

산킨코타이 때문에 도로가 발달하여 에도를 중심으로 길 다섯 개가 생겼대. 이를 5가도라고 해. 이 길에는 여행자와 말이 머무를 수 있는 역참이 있었어.

되고, 에도로 가는 길목마다 여관과 식당들이 들어섰어. 중앙과 지방의 교류도 당연히 활발해졌지.

　전국의 농민들은 농한기마다 돈을 벌기 위해 대도시로 몰려왔어. 에도, 교토, 오사카에는 골목마다 상점과 상인들로 넘쳐 났어. 거기에 더불어 이 시기에는 농업도 크게 발전했어. 모내기의 도입과 농기구의 발달, 농지 개간 등이 맞물려 쌀 생산량이 크게 늘어났어. 식량이 풍부해지면서 인구도 두 배 이상 증가했지. 농민들은 쌀농사 이외에도 돈이 될 수 있는 작물을 재배하기 시작했어. 잇꽃과 쪽처럼 옷감을 염색하는 식물들이 특히 상품 가치가 높았어. 이렇게 생산된 쌀과 다양한 상품 작물들은 상공업자들이 밀집한 조카마치로 모였어. 조카마치는 '성 아래 있는 마을'이라는 뜻으로 쇼군이나 다이묘 등이 머무는 성을 중심으로 형성된 상업 도시를 뜻해. 쇼군이 거주하는 에도는 최대의 조카마치로 18세기 초에 인구가 약 100만에 이르는 세계 최대 도시였어.

이전까지는 대개 화폐보다는 쌀로 물건값을 치렀는데, 에도 시대에 상업이 번성하면서 화폐가 널리 쓰였어. 큰 거래에서는 금화와 은화가 쓰이고, 작은 물건을 사는 데는 동화가 쓰였어. 그러자 금화와 은화를 바꿔 주는 환전업, 돈을 빌려주는 은행업도 덩달아 발달하였어.

에도 시대에 이러한 경제 번영으로 성장한 상인과 수공업자 계층을 '조닌'이라고 해. 조닌은 부와 영향력은 갖추었지만 엄격한 신분제 때

▲ '쪽'이야. 잎으로 옷감에 물을 들이는 염료를 만들어.

▲ '잇꽃'이야. 국화과의 붉은색 꽃으로 약이나 물감을 만드는 데 쓰여.

◀ 에도 시대 화폐

▲ 〈가나가와 해변의 높은 파도 아래〉야. 에도 시대의 대표적인 화가 호쿠사이의 우키요에 작품이야.

문에 신분 상승의 길은 막혀 있었지. 자연히 그들의 관심은 부를 과시하는 소비 생활로 이어졌어. 그러다가 점점 문화 예술을 후원하는 방향으로 나아갔어. 그들은 노래와 춤, 연기가 어우러진 '가부키'라는 연극을 매우 좋아하고 '우키요에'라는 채색 목판화 그림도 매우 좋아했어. 문화의 주축이 된 상인들이 만든 이러한 문화를 '조닌 문화'라고 해. 조닌 문화는 상인이 만든 문화답게 매우 현실적인 성격을 띨 뿐 아니라 화려하고 세련되기도 했어. 조닌 문화의 영향으로 에도에 온 사람들도 덩달아 가부키를 구경하고 우키요에 작품을 한 점씩 사서 고향으로 돌아가기도 했어. 조닌 문화는 점차 확대되면서 무사들과 농민들에게까지 퍼져 나갔어. 또 조닌은 자녀들을 데라코야에 보내 숫자를 익히게 하고 글을 배우게 했어. 19세기 중엽에는 이러한 데라코야가 전국에 1만여 개가 넘었대. 에도 시대에 이르러 문화의 주역이 무사에서 조닌으로 옮겨 와 서민으로까지 확대된 것이지.

> 데라코야는 에도 시대의 초등 교육 기관으로 조선 시대의 서당과 비슷해.

역사 속 재미 쏙

가부키

가부키는 에도 시대 귀족들이 즐기던 노, 교겐 등과 다르게 서민들이 즐기던 예능으로 지금까지 이어지고 있는 전통 연극이야. 가부키 공연은 무대와 의상이 화려할 뿐 아니라 배우들의 분장도 아주 독특해. 가부키 공연은 왜 이렇게 과장되고 화려할까? 가부키는 어원부터가 '방종하다, 바람나다.' 등의 의미를 가진 동사를 명사화한 거야. 가부키라는 말은 상식에서 조금 벗어난, 기이한 행동이나 풍속을 의미하지. 그렇기 때문에 당시 전통 그대로의 모습과는 거리가 있고, 더 자유분방해. 현재 가부키 공연은 모두 남자가 하고 있지만 초창기에는 주로 기녀들이 했어. 원래는 가부키라는 이름의 '키'가 기녀의 '기(妓)'와 같은 한자였단다. 그런데 기녀들만을 뜻하는 한자는 표기가 적절치 않다고 하여 예능을 뜻하는 '기(伎)'로 표기가 바뀌었단다.

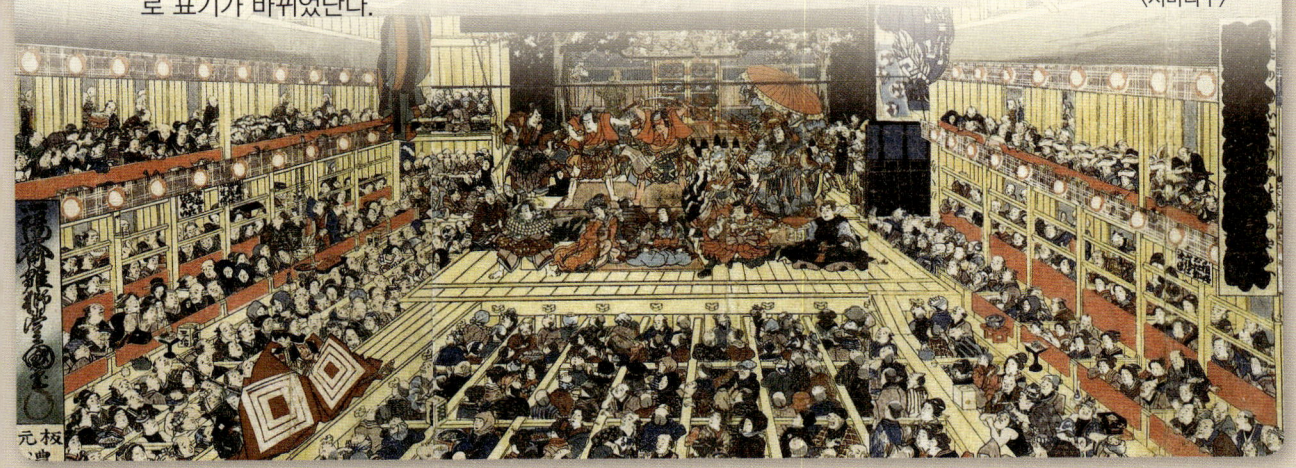

▼ 1858년 7월 에도 이치무라자에서 상연된 〈시바라쿠〉

> 쇄국은 나라의 문을 닫는다는 뜻으로 다른 나라와의 교역을 금지하는 거야.

외국과의 교류로 발전한 학문

에도 시대의 일본은 쇄국이 기본 정책이었지만 외국과 전혀 교류가 없었던 것은 아니야. 오히려 필요한 문화를 받아들이는 데 막부가 적극적으로 노력하기도 했어. 먼저 한반도(조선)와의 교류를 살펴보면 임진왜란 뒤 일본과 조선의 국교는 당연히 끊어졌어. 하지만 도요토미 히데요시가 죽고 난 뒤 정권을 장악한 도쿠가와 가문은 전쟁 포로의 소환 문제 등 전후 처리 과정에서 조선과 강화를 맺었어. 조선에서는 일본에 '통신사'라 불리는 대규모 사절단을 보냈는데, 막부에서는 이들을 매우 정중하고 극진하게 대접했어. 대략 300~500명의 통신사 일행을 맞이하고 접대하는 데 한 번(藩)의 1년 예산을 소비할 정도였어. 통신사를 통해 여러 문화 예술적 교류가 있었지만 가장 두드러진 것은 일본이 '성리학'을 받아들였다는 거야.

성리학은 중국 송대 유학자 주희가 집대성한 유학의 한 파야. 성리학에서는 나라에 '충성'할 것을 강조하고 신분에 맞는 질서를 중요시하는데, 통치자의 입장에서는 신분제를 단단하게 다질 수 있는 매우 유용한 사상이었지. 이미 주어진 신분에서 역할을 다할 뿐, 신분의 차별에 대해서는 불만을 품지 않도록 하는 데 성리학은 유용했

▲ 성리학을 집대성한 주희

▼ 통신사 행렬을 그린 그림이야. 통신사는 조선이 일본 막부 쇼군에게 보낸 정식 외교 사절단이었어.

어. 막부는 무사들이 불교 대신 유학을 배울 수 있도록 적극적으로 유도했고, 이렇게 무사들에게 유학적 교양이 필수로 등장하면서 일본에서 더욱 엄격한 신분 질서가 자리를 잡았어.

또한 외국과의 교역이 늘어나면서 네덜란드 상인들과도 교류가 활발했지. 특히 일본이 수출한 은은 유럽 경제에 큰 영향을 주었을 정도야. 일본이 처음으로 교역한 유럽 상인들은 포르투갈과 에스파냐의 상인들이었어. 그들은 교역과 함께 크리스트교의 포교 활동에도 열심이었어. 그들이 많이 드나들었던 규슈 지방에는 크리스트교 교인이 된 다이묘도 있었지. 전국 시대에 오다 노부나가는 불교를 억압하기 위해 크리스트교를 공인하였지만 도요토미 히데요시는 선교사들을 추방하고 크리스트교를 금지했어. 크리스트교의 평등 사상이 일본 사회의 신분제를 위협할 것이라고 보았기 때문이야. 도쿠가와 이에야스 역시 같은 이유로 크리스트교를 금지했어. 실제 규슈의 서부 시마바라에서는 크리스트교 신자들이 앞장선 농민 봉기가 일어나기도 했어. 물론 그들의 봉기는 가혹한 세금 때문이었지만, 막부로서는 불만을 가진 다이묘들이 혹시나 서양의 국가와 함께 반란을 일으키지 않을까 염려하지 않을 수 없었어. 이 사건으로 포르투갈 상인과 선교사들은 일본에서 모두 쫓겨났고, 막부에서는 선교에 관심이 없는 네덜란드와 독점적으로 교역을 하게 되었지.

> 포교는 종교를 널리 퍼뜨리는 걸 말해.
>
> 선교사란 자기 나라가 아닌 다른 나라에서 크리스트교를 전파하는 사람이야.

▲ 이와미 은광

네덜란드 상인들도 일본 남부의 나가사키 항구에서만 교역할 수 있었어. 일본은 네덜란드와의 무역 창구로 '데지마'라는 인공섬을 만들어서 네덜란드 상인들을 이곳에만 머물도록 했어. 혹시나 있을지도 모를 크리스트교의 포교를 막기 위해서였어. 하지만 호기심 많은 일본의 지식인들이 데지마를 드나들면서 적극적으로 서양 학문을 연구하기 시작했어. 이것을 네덜란드에서 배운 서양 학문이라고 해서 '난학'이라고 해. 당시에 네덜란드를 화란으로 불렀는데 거기서 이름 붙여진 거야. 이때 1만여 권의 책이 들어와 번역되었고, 실용적인 학문을 중요시하는 쇼군의 지지를 받아 의학·천문학·지리학 등이 크게 발전했단다. 이러한 난학의 발전은 훗날 일본이 근대화를

▲ 나가사키만의 데지마

받아들이고 준비하는 데 커다란 도움을 주게 돼.

하지만 난학에 대한 반발로 일본 고유의 학문과 문화를 연구하는 국학이 발달하기도 해. 국학은 일본의 고전과 고대사, 고유 신앙을 통해 일본인 본래의 정신과 사상을 연구하는 학문이야. 특히 일본의 국학은 1800년대에 들어와서는 유럽의 식민지 정책에 대한 충격과 반발로 더욱 거세졌어. 서양 문물이 밀려오는 가운데 일본 고유의 것을 보존하고자 하는 노력이었지.

에도 시대는 이렇게 강력한 통치 체제와 경제적 번영, 학문과 문화의 발달 속에서 260년 넘게 지속되었어. 하지만 쇄국 정책으로 다양한 경제적 문제가 발생하고 농민 봉기가 빈번하게 일어나면서 차츰 막을 내리게 되었지. 에도 막부와 달리 난학을 후원하고 개혁에 성공한 지방의 번들은 이후 근대화의 물결 속에 변화해 갈 수 있었어. 반면에 에도 막부는 1854년 페리 제독에 의해 개항한 뒤 15년 만에 무너지게 되었지.

📖 세계사가 한눈에 쏙!

01 에도는 오늘날 일본의 수도인 도쿄의 옛 이름이다. 도요토미 히데요시가 죽은 뒤 도쿠가와 이에야스는 전국의 통치권을 장악하여 에도 막부 시대를 열었다.

02 에도 막부 때는 쇼군이 막부를 통치하고 각 번의 다이묘를 임명했다. 막부에서는 다이묘에게 등급을 매겨 관리했고 그들의 충성도에 따라 토지를 몰수하기도 했다. 이것이 '막번 체제'이다.

03 '산킨코타이'는 다이묘들이 정기적으로 에도에 가서 쇼군에게 충성을 맹세하는 제도였는데, 다이묘들이 에도에 올 때면 대규모 인원이 움직이다 보니 상업이 발달되는 촉진제가 되었다.

04 상업의 발달로 경제력을 지닌 상인과 수공업자 계층인 '조닌'이 등장했다. 이들이 문화 예술을 후원하면서 가부키, 우키요에 등이 유행하게 되었다.

05 에도 막부는 쇄국 정책을 펼쳤지만 조선에서는 통신사를 보내기도 했고, 네덜란드 상인들을 통해 다양한 외래문화가 전래되었다.

5장
명

- 명을 세운 주원장
- 영락제와 정화의 대항해
- 중앙 권력의 비대와 신사층의 성장
- 명의 경제와 양명학
- 명 말기의 혼란

중국에서는 원을 세웠던 몽골족을 예전에 살았던 초원으로 몰아내고, 다시 한족이 나라를 세웠어. 그게 바로 명이야.

원을 몰아내고 명이 세워진 뒤, 명이 여러 나라에 조공을 요구했어. 정화가 바닷길로 나서며 여러 국가에서 조공을 받았고, 국력을 과시했지.

명은 이렇게 경제적으로 번영하면서 도시가 성장하고 문화와 예술도 발전했어. 정치적으로도 강력한 황제의 권한을 바탕으로 중앙 집권제를 실시했지. 나라 전체가 전통적인 유교 문화를 회복하는 것은 물론 과거제를 실시하여 인재를 등용했어.

그럼 명의 사회와 문화에 대해 더 자세히 알아볼까?

▼ 자금성이야.
명 때 건설된 궁궐로
청 때까지 사용되었어.

명을 세운 주원장

원 말기, 정치·경제적 혼란은 심해지는데 황허강까지 범람하여 많은 사람이 굶주림에 시달렸어. 이처럼 세상이 혼란스러워지자 사람들은 자신을 구원해 줄 부처(미륵)가 나타나서 새로운 세상을 만들 거라는 백련교 사상을 더욱 믿게 되었지. 이런 시대적 분위기 속에서 많은 사람이 백련교에 가담했어.

▲ 미륵불을 숭배하는 백련교의 창설에 영향을 미친 남북조 시기 승려인 혜원이야.

훗날 명을 세운 주원장도 가난한 집에서 태어나 먹고살 길이 막막하자 절에 들어갔어. 절에서도 끼니를 해결할 길이 없자, 그는 여기저기를 떠돌며 동냥하는 탁발승이 되었지. 그러던 중 그는 백련교도를 주축으로 한 '홍건적'에 합류하게 되었어. 홍건적은 혼란한 세상을 뒤집어엎고 새로운 세상을 만들겠다는 뜻으로 일어난 농민들이었어. 머리도 좋고 용감했던 주원장은 얼마 지나지 않아 홍건적 지방 지도자의 총애를 받아 그의 양딸(훗날 마황후)과 결혼했어. 지도자가 죽고 난 뒤 그의 자리를 차지한 주원장은 더욱 세력을 키워 당시 경제의 중심 도시였던 난징(남경)을 차지했어. 주원장은 난징을 직접 통치하면서 점점 야심을 키웠어. 하지만 얼마 지나지 않아 그는 홍건적의 한계를 알게 되었어. 비록 그들 안에 나름대로의 신념과 질서가 있다고 해도 결국 홍건적은 오합지졸이 모인 난폭한 도둑의 무리일 뿐이었지. 그런 무리들과는 함께 나라를 세울 수 없다고 생각한 주원장은 강남의 지식인들과 부자들의 도움을 받아 자신의 경쟁자가 될

> 백련교는 미래에 나타날 부처, 즉 미륵불 신앙을 바탕으로 하는 종교 단체였어.

> 홍건적들은 몽골에 대항한다는 의미로 한족의 정통성을 나타내는 붉은 수건을 머리에 둘렀어. 그래서 붉을 홍(紅), 두건 건(巾) 자를 써서 홍건적이라고 불러.

> 연호란 임금이 다스리던 해를 세는 방식이야. 왕이 다스리던 기간에 이름을 붙여 연차를 세었어.

수 있는 다른 홍건적의 무리를 쳐서 없애 버렸어. 그리고 자신도 홍건적과 결별을 선언하고, 1368년 새로운 왕조인 명을 세웠어. 황제가 된 주원장은 연호를 '홍무'로 짓고 홍무제가 돼. 홍무는 큰 무력을 지녔다는 뜻이야. 처음 명의 수도는 난징이었어. 홍무제는 무너져 가고 있던 원을 몰아냈어. 그리고 그는 황제의 권력을 강화시키기 위해 명을 세울 때 자신을 도왔던 강남의 지주층과 장군들을 숙청했단다. 권력을 황제에게 집중시키기 위해서였지. 또한 관료들을 감시·감찰하는 기관을 만들고, 군대를 지휘하는 권한을 분할하여 군인들의 반란 가능성도 없애 버렸어. 그야말로 철저하게 권력을 황제에게 집중시키려고 한 것이지. 그는 이런 글을 남기기도 했어.

"아침에 죄인을 처형하면 저녁에 또 다른 죄인이 생긴다. 저녁에 이 죄인을 처형하면 다음 날 아침에 또다시 죄를 짓는 사람이 나온다. 죄인의 시체를 치우기도 전에 또 다른 시체가 나오는구나."

> 홍무제는 주변의 그 어떤 사람도 믿지 않아서 환관들에게도 글을 배우지 못하게 했대. 정치와 관련된 내용을 환관들이 알지 못하게 하려고 한 거야.

그가 황제로 있던 30년 동안 처형당한 신하들이 무려 10만 명에 이른대. 이처럼 홍무제는 권력에 있어서는 매우 엄격했어. 하지만 일반 백성들에게는 유익한 정책을 펼쳤단다. 홍무제는 자신이 겪었던 가난의 고통을 백성들에게는 겪게 하지 않겠다고 다짐했대.

홍무제는 황폐화된 농촌을 되살리고 백성에 대한 지배를 확실히 하기 위해 전국에 토지 조사와 인구 조사를 실시했어. 그런 다음 농촌 사회의 조세를 담당하는 '이갑제'라는 조직을 만들어 전국적으로 시행했어. 이갑제의 지도자는 이장과 이노인인데 이장은 세금을 걷는 역할을 하고, 덕망 있는 연장자인 이노인은 유교 교육과 권농, 재판 등의 임무를 담당했지. 그리고 한족 문화의 부활을 위해 몽골의 변발, 모자, 옷 등을 금지했어. 또한 유목민들의 풍습인 형사취수의 풍습도 금지했어.

> 권농이란 농사를 장려한다는 뜻이야.
>
> 형사취수란 형이 죽은 뒤 동생이 형수를 부양하며 부부가 되는 제도야.

또한 유교의 전통을 되살리기 위해 농민들에게 여섯 가지의 가르침, 육유를 익히게 했어. 그 내용은 이랬어. '부모에게 효도하고, 윗사람을 존경하며, 마을 사람들과 화목하고, 자손을 잘 교육시키며, 저마다 현재의 위치에 만족하고, 나쁜 행동을 하지 마라.' 이 내용을 마을의 노인들이 매일 큰 소리로 외치고 다녔다고 해.

또한 중앙에는 국자감을 두고, 지방에는 부학, 주학, 현학 등의 학교를 두어 유교 교육을 강화시켰지. 한족 문화의 부흥이 '유학'을 통해 실현되기를 바란 거야.

역사 속 재미 쏙

금지어가 있었던 주원장 시대

명을 세운 주원장도 자신의 태생이 미천하였던 것에는 큰 열등감이 있었나 봐. 그는 명을 세운 뒤 자신의 과거를 떠올리게 하는 단어를 쓰기만 해도 황제를 모욕했다는 이유로 가차 없이 사형에 처했어. 그래서 황제에게 올리는 문서에 탁발승을 떠올리게 하는 승(僧) 자와 발음이 비슷한 생(生) 자, 도적을 뜻하는 적(賊) 자와 비슷한 칙(則) 자는 금지어였다고 해.

▲ 주원장

역사 속 상식 쏙

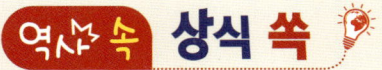

이갑제

명은 농민이 직접 조세 징수와 치안 등을 담당하는 이갑제를 실시했어. 110가구를 1리로 편성하고 상위 10가구가 돌아가면서 1년씩 이장 직무를 맡았지. 나머지 100가구도 10갑으로 나누어 돌아가면서 갑수 직무를 맡았어.

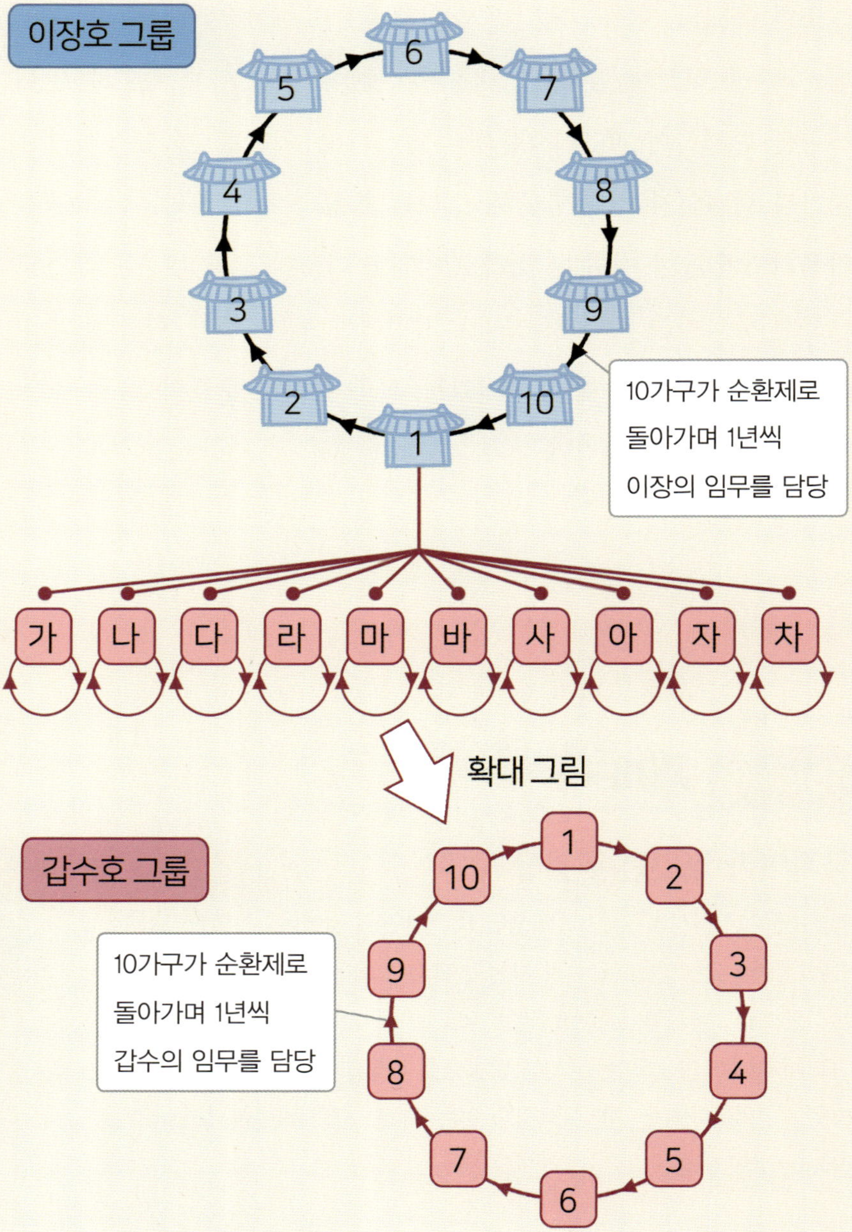
이장호 그룹
1
2
3
4
5
6
7
8
9
10
10가구가 순환제로 돌아가며 1년씩 이장의 임무를 담당
가
나
다
라
마
바
사
아
자
차
확대 그림
갑수호 그룹
10가구가 순환제로 돌아가며 1년씩 갑수의 임무를 담당

영락제와 정화의 대항해

주원장은 생전에 자신의 첫째 아들을 황태자로 세우고 나머지 아들들은 번왕에 봉해 국경 지대로 보내어 몽골의 침입에 대비하게 했어. 그런데 주원장이 죽자 황태손이 황위에 올라 제2대 황제 건문제가 되었어. 주원장의 첫째 아들이 일찍 죽어서 손자가 즉위한 거지. 건문제가 황태손에 임명된 건 16세였고, 황제로 즉위한 건 22세였지. 어린 건문제에게는 변방에서 국경을 지키고 있던 삼촌들의 존재가 큰 위협이 될 수밖에 없었지. 특히 베이징에서 북쪽 만리장성을 지키고 있던 주원장의 넷째 아들 연왕은 몽골을 방어하기 위한 강력한 군대를 가지고 있었어. 연왕이 두려웠던 건문제는 연왕에게 반란을 꾀했다는 혐의를 씌워 그를 죽이려고 했어.

연왕은 "감히 내게 누명을 뒤집어씌우다니! 어린 황제 주변에 악의 무리가 있구나. 내가 악의 무리를 응징하겠다."라면서 군대를 이끌고 수도인 난징으로 내려왔어. 그는 3년간의 전투 끝에 결국 난징을 점령했지. 건문제는 스스로 황궁에 불을 지르고 어디론가 사라졌어.

1402년, 연왕은 황제의 자리에 올랐어. 그가 바로 명의 제3대 황제 영락제야. 영락제는 재위 기간 내내 자신의 정통성이 도전받을까 봐 두려웠어. 그는 난징의 지식인들을 회유하고 정치적 안정을 꾀하기 위해 백과사전인 《영락대전》을 편찬했어.

> 번왕은 변방의 나라를 다스리는 임금을 말해.

> 명 초기에 황위 계승을 둘러싸고 일어났던 내란을 정난의 변이라고 해.

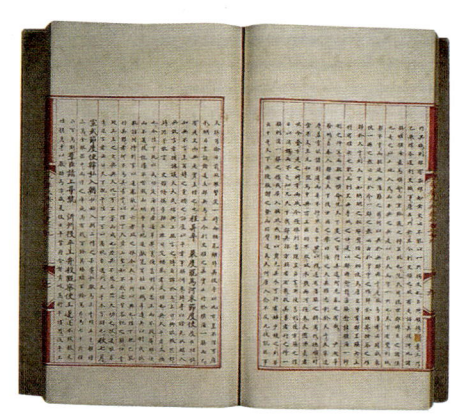

▲ 《영락대전》

▲ 영락제

《영락대전》은 본문만 2만 3천여 권, 목록만도 60권에 이르렀어. 《영락대전》을 만들기 위해 동원된 인원만도 2천 명이 넘고, 이를 위해 수집한 도서는 7~8천 종류에 이른다고 해. 경서, 사서, 시문집, 의학, 천문 등 모든 사항에 관련된 도서들을 모두 모아, 내용별로 분류해서 정리한 책이야. 지금은 원본을 찾을 수 없는 책의 내용이 정리되어 있어서 역사적으로 귀중한 자료가 되고 있어. 하지만 이후에 전쟁 등으로 소실되거나 중국 밖으로 유출되어 지금 남아 있는 것은 797권뿐이라고 해.

자금성의 이름은 황제의 허가 없이는 누구도 들어오거나 나갈 수 없다는 뜻이라고 해.

영락제는 재위 기간 동안 명의 기반을 굳건히 다졌어. 유교에서 말하는 성군이 되기 위해 많은 노력을 했을 뿐 아니라 만리장성 밖으로 밀려난 몽골이 또다시 중국을 위협하는 것을 막으려고 다섯 차례나 직접 전쟁에 나가기도 했어. 또한 물길이 막힌 대운하를 보수하고, 베이징으로 도읍을 옮겨 큰 도시를 건설했어. 이때 만리장성과 함께 중국 최고의 건축물로 인정받는 자금성을 건축하기 시작했지. 14년이라는 공사 기간 동안 100만 명의 인원을 동원하여 약 800채의 건물과 9,000여 개의 방이 있는 커다란 자금성이 완성되었어. 자금성은 현존하는 세계에서 가장 큰 궁궐로, 명에 이어 청까지 약 500년 동안 24명의 중국 황제가 머물렀단다.

난징에서 베이징으로 수도를 옮기면서 그동안 정치, 경제, 사회 등 모든 분야의 중심이 강남으로 치우쳐 있던 것에서 벗어나 명 전체가 개발, 발전하기 시작했어. 또한 물자가 풍부한 강남 지방에서 베이징까지 운하를 통한 수송이 활발해지면서 남북의 경제 교류도 더욱 활기를 띠었지.

영락제는 대외 원정에도 열심이었는데, 특히 환관 정화에게 명하여 대규모 함대를 이끌고 바닷길로 나서게 한 일은 중국 역사상 전무후무한 일이었어. 정화는 1405년부터 1433년까지 일곱 차례에 걸쳐 항해를 했는데, 60여 척의 전함과 2만 5천여 명의 군대를 이끌고 동남아시아부터 아프리카까지 30여 개국을 원정했지.

> 전무후무하다는 것은 이전에도 없었고 앞으로도 없다는 말이야.

이 대원정은 막대한 재정이 들어가는 엄청난 규모의 항해였어. 3차 항해까지의 최종 목적지는 인도 서쪽 해안의 캘리컷이었어. 캘리컷은 원 이후 중국 상인들이 많이 진출해 있었던 무역항이야. 4차 이후의 항해에서 정화의 함대는 더욱 서쪽으로 나아가 아라비아반도와 페르시아만, 아프리카의 동해안까지 진출했어. 정화는 도착한 나라들에 금과 은, 비단과 도

▶ 인도네시아에 세워진 정화의 동상

자기를 주면서 명에 조공할 것을 권했어. 이러한 정화의 항해로 명은 30여 개의 국가에서 조공을 받으며 국력을 과시할 수 있었어.

영락제가 정화의 항해를 통해 이루고자 한 바는 무엇일까? 명은 많은 국가에서 조공을 받아 황제의 덕을 높이고자 했어. 중국 남쪽에 있는 나라들과 우호적인 관계를 맺어 혹시 모를 적에게 둘러싸일 위험에서 벗어날 목적도 있었지.

그러나 명은 정화의 항해 이후 더 이상 해상으로의 진출에 관심을 두지 않았어. 정화의 항해도 대외 무역이 목적이 아니었듯 명은 통상이나 무역에는 별 관심이 없었기 때문이야. 오히려 명에서는 다른

▲ 정화의 보선

나라와의 교역을 엄격하게 통제하기 시작하는데, 바다에 작은 배라도 하나 띄우려면 허가를 받아야만 했어. 바다로 아예 나가지도 못하게 한 거야. 하지만 정화의 항해로 무역로는 이미 활짝 열려 있었지. 대항해 시절에 그에 발맞추어 활발한 활동을 하던 많은 중국 상인들은 어떻게 되었을까? 그들은 중국으로 돌아오지 않고 자신이 거주하던 해외에 자리를 잡았어. 그러고는 동남아시아를 비롯한 세계 각국에서 무리를 지어 살면서 계속해서 상업 활동을 이어 갔단다. 그들을 '화교'라고 해.

◀ 정화의 항해

중앙 권력의 비대와 신사층의 성장

홍무제와 영락제 시기를 거치며 황제는 절대적인 권력을 가지게 되어 재상을 없애고 황제가 직접 6부를 관장했어. 하지만 황제 혼자 올바른 판단을 내릴 수 없었기 때문에 황제를 보좌할 유학자 출신의 관료를 두었어. 그들을 '내각'이라고 해. 그런데 처음에는 의견만을 제출하던 내각의 관리들이 후대로 갈수록 점점 권한이 확대되어 6부를 능가하게 되었어. 정치 개입을 방지하기 위해 글자도 익히지 못했던 환관들도 명 초기 1만 명이었던 수가 말기에는 10만 명에 이를 만큼 늘어나고 권력도 점점 커졌어. 물론 글자도 배웠지.

1440년경 몽골의 일족인 오이라트가 점점 세력을 키우더니 조공 무역을 빌미로 행패를 부렸어. 보통 유목민들은 조공으로 말을 많이 바치는데, 그러면 황제는 하사품으로 비단이나 도자기 등을 주었어. 사절단의 조공 규모가 크면 하사품도 당연히 많아졌어. 이것을 '조공 무역'이라고 한단다. 그런데 오이라트의 족장은 비단과 도자기에 욕심이 나서 제멋대로 말을 2천 마리나 보냈고, 심지어 3천 마리라고 속였다는구나. 당시 황제의 총애와 신임을 등에 업고 막강한 권력을 휘두르던 환관 왕진은 화가 나서 말값을 제대로 치르지 않고 하사품도 적게 보냈어. 그러자 이를 빌미로 오이라트는 명의 다퉁을 침략했어. 왕진은 황제에게 직접 전쟁에 나서서 오이라트를 혼내 주어야 한다고 조언했어. 신하들은 반대했지만 황제는 그의 말대로 직접 군사를 이끌고 출정했다가 오히려 오이라트의 포로로 잡히고 말았어.

> 재상은 왕을 도우며 모든 관원을 지휘하고 감독하는 높은 벼슬의 신하를 말해.

환관 왕진은 황제의 친위 부대에게 살해되었지. 황제를 포로로 잡은 오이라트는 황제를 돌려보내는 조건으로 명으로부터 많은 것을 받아 내려 했어. 그런데 명에서는 이미 붙잡힌 황제를 상황으로 올리고, 그의 동생을 새 황제로 세웠어. 오이라트로서는 황제를 생포한 게 아무런 소득이 없게 된 셈이지. 그래서 1450년 상황은 별다른 조건 없이 다시 명으로 돌아와 난징에 머물렀어. 그러다 새 황제가 병이 들자 그 기회를 틈타 다시 황위를 되찾았어. 그가 명의 제6대 황제 정통제야.

명 황제가 오이라트의 포로가 된 사건을 '토목보의 변'이라고 해.

사실 영락제 이후 명의 황제들은 그다지 나라를 잘 돌보지 못했어. 나라의 일을 황제가 아닌 환관이나 내각에서 처리하기 시작했지. 물론 그들 중에는 능력 있는 신하들도 있었지만 서로 권력을 다투면서 나랏일을 좌지우지했기 때문에 정치는 혼란스러워졌어.

하지만 그중 장거정은 제13대 황제인 만력제의 신임을 받아 내각의 수장 자리에 앉은 뒤, 많은 업적을 남겼어. 그는 몽골의 침략을 막고 동북 지방과 서남 지방을 토벌했으며 나라 안으로는 행정을 정비하는 등 개혁 정책을 펼쳤어.

16세기부터 명 안에서는 이갑제가 붕괴되고, 그에 따라 사회 경제적인 질서가 흔들리기 시작했지. 또 밖으로는 북쪽의 타타르족이 기승을 부리고, 남쪽에서는 왜구의 침략에 시달리고 있었어. 이러한 시대 상황 속에서 장거정은 긴축 재정으로 경비를 절감하는 등 재정 개혁의 성과를 이루어 냈어. 또 황허강의 대대적인 치수 공사를 실

긴축 재정이란 국가의 예산 규모를 줄이는 것을 말해.

시하는 한편, 전국적으로 호구 조사를 실시하고 토지를 측량하여 지주의 부정을 막고 농민의 부담을 줄이기도 했어.

장거정의 개혁 정책은 당시 황제가 정사를 돌보지 않아 비롯된 정치적 혼란 상황을 수습하고 중앙 집권적 지배를 강화하는 것이었어. 하지만 그가 죽고 나서는 개혁이 이어지지 못했어. 한 개인이 황제의 권력을 등에 업고 이루어 낸 일시적인 개혁으로 끝난 거야. 명은 점점 큰 세력으로 성장하는 환관과 내각을 둘러싼 유학자 관료들의 권력 다툼으로 정치적 혼란이 심각해지고 국가 기강이 무너져 갔어.

그러자 점점 커지는 중앙의 권력에 반발하여 강남의 신사층은 권력을 나누고 신하들의 의견이 반영되는 정치가 이루어져야 한다는 주장이 제기되었어. 신사층은 중국의 명·청 시대에 정치·경제·사회·문화 여러 방면에 영향을 준 지식인 계층을 말해. 이들은 송대의 사대부들과 비슷하게 유교적 교양과 학식을 갖춘 사람들이었어. 현역 관료, 퇴직 관료, 과거에 응시하였으나 벼슬을 하지 않는 사람 등으로 이루어졌으며, 주로 강남의 부유한 지주 계급이었지. 이들은 민중의 교육과 교화를 담당하고 여론을 조성하며, 지방관과 긴밀한 유대 관계를 유지하면서 향촌 사회에서 막강한 영향력을 행사했어. 신사층은 중앙의 국가 권력을 보좌하여 향촌 사회에서 중간

▼ 장거정

지배층 역할을 했지. 신사층은 때때로 중앙 권력에 탄압받기도 했지만 이들의 역할이 없었다면 당시 명을 원만하게 다스리는 일은 불가능할 정도였어. 신사층은 명대 이후로도 계속 세력을 키워 갔어.

명의 경제와 양명학

15세기 중엽부터 창장강 중류 지방이 거대한 곡창 지대로 등장해. 이 지역은 원래 황무지였는데 명 건국과 함께 대대적인 개간 사업이 이루어졌어. 황무지를 일구어 쓸모 있는 땅으로 만들면 그 땅에 대한 소유권을 인정하고 세금도 면제하겠다는 정책 덕분에 전국에서 많은 사람이 몰려든 거야. 기존의 거주민들과의 분쟁도 있었지만 200여 년에 걸친 개간 사업으로 이 지역에서는 엄청난 양의 쌀이 생산되기 시작했어. 그에 따라 송대의 곡창 지대였던 창장강 하류 지역에서는 차나 뽕나무 같은 상품 작물을 재배하고, 중류 지역에서는 전국에 필요한 쌀을 거의 대부분 생산하게 된단다. 이곳에서는 당시 유럽에서 들어온 옥수수와 감자 같은 새로운 식물도 잘 자랐어.

창장강 일대는 이처럼 풍요로웠지만 화북 지역은 걸핏하면 기근이 들었어. 전국의 상인들은 창장강 중류로 몰려들어 쌀을 사들인 뒤 화북으로 가 팔기 시작했지. 상인들은 대규모 집단을 조직하여 상권을 만들어 나갔어. 명과 청 시대의 상업 발전을 주도한 2대 상인 집단은 신안 상인으로도 불린 남쪽의 후이저우 상인과 북쪽의 산시 상인이야. 먼저 두각을 나타낸 산시 상인들은 그들의 고향이 만리장

> 기근은 흉년으로 먹을 양식이 모자라서 굶주리는 걸 뜻해.

성과 가깝다는 이점을 살려 이 지역의 쌀을 북쪽 지역의 군량으로 조달하고 정부에서 소금 판매권을 받아 또다시 많은 부를 쌓아 나갔어. 그런데 1492년부터 곡물 대신 은으로 세금을 납부하게 하자 후이저우 상인들이 전국 제일의 상인 집단으로 성장했어. 그들은 화북 지역의 면화와 쌀, 차를 강남의 난징으로 들여오고, 강남의 비단과 면제품을 화북 지역으로 가져가는 방법으로 큰돈을 벌었지.

상인들은 조직을 만들어 다른 지역 상인들과의 사이에서 일어나는 갈등과 분쟁을 조정하고 조직 구성원들의 이익을 지켜 나갔어. 또한 그들은 지방의 관료들과 돈독한 관계를 맺는 일에 많은 공을 들였단다. 단순히 관료들에게 뇌물을 주는 것이 아니라 서로 가까이 지내며 우정을 다졌던 거야. 자신들의 상권을 지키고 관료들의 횡포를 막기 위해서였지.

이들은 또 막대한 부를 이용하여 1만 권이 넘는 책을 소유하고 책을 출판하기도 하면서 문화 예술 활동을 즐기기도 했어. 상인들이 이러한 교양을 갖추자 유교 지식인층인 신사층과 가까이 교류하게 되

▲ 명 때 사용되었던 화폐야. 이 중에서도 지폐는 보초라고 불렀어.

었지. 예비 관료인 신사층과 교류를 하면서 상인들은 더욱 자신들의 재산을 불려 나가고 지속적인 번영을 누릴 수 있었어. 물론 상인 가문에서 스스로 신사층을 배출할 수 있다면 더할 나위 없겠지만 그것이 여의치 않을 때는 신사층과의 교제를 늘리고 혼인 관계를 맺었어.

상인들은 대부분 명대에 새로 등장한 유교 학파인 양명학에 열광했는데, 양명학은 기존의 엄격한 신분 질서를 강조한 성리학과는 달라서 상인과 수공업자 등 서민들에게 선풍적인 지지를 받았어. 양명학은 '심즉리(心卽理)'라 하여 사람의 마음과 도리는 같은 것이라고 가르쳤어. 그래서 지식과 실천도 근본적으로 같다고 했지. 열심히 배우고 익혀서 덕을 실천하는 것이 아니라 사람은 누구나 그 마음에 옳은 도리를 가지고 태어난다는 양명학의 가르침은 상업의 발달로 인한 사회적 변화에 적합한 학문이었던 거야.

거대한 규모로 상업이 발전하자 명에서는 엄격하게 교역을 금지했던 정책을 풀고, 몇몇 항구를 열어 자유로운 무역 활동을 허용하였어. 마카오에서 활동하던 포르투갈 상인을 시작으로 에스파냐, 네덜란드 상인들이 명으로 찾아왔어.

경제의 발달로 명에서 은의 수요도 크게

◀ 왕양명으로도 불리는 왕수인이야. 명 중기의 유학자로 양명학을 열었어.

◀ 명에서 만들어진 도자기야. 유럽에서 특히 인기가 많았어.

증가하자 유럽 상인들은 물품 대신 은을 지불했어. 유럽에서 중국의 비단과 차, 도자기 등이 큰 인기를 얻고 있었기 때문에 유럽 상인들은 엄청난 양의 은을 써야만 했지. 유럽 상인들은 명과의 무역에 사용할 은을 마련하기 위해 멕시코에서 은을 약탈하기도 했지.

유럽 상인들과 함께 크리스트교의 선교사들도 중국에 들어왔단다. 대표적인 선교사로 마테오 리치와 아담 샬 등이 있는데, 그들은 종교적 교리보다 과학적 지식을 포교의 수단으로 삼았어. 특히 마테오 리치는 스스로 '이마두'라는 중국식 이름을 짓고 중국의 방식을 매우 존중했어. 그는 자명종, 지구의, 망원경 등 많은 서양의 발명품들을 소개하여 중국인들의 마음을 사로잡았어. 당시 명의 크리스트교 신자는 2~3만 명이나 되었다고 해.

명 말기의 혼란

16세기 말에 접어들면서부터 명은 심각한 재정 적자에 빠졌어. 이는 1592년에서 1600년 사이에 일어났던 세 번의 큰 전쟁 때문이었어. 먼저 1592년에 서북 지역에서 몽골족 출신 장군 보바이가 난을 일으키자 랴오둥(요동)반도 지역을 지키던 이여송 부대가 진압하였는데, 이때 전쟁 비용으로 은 180만 냥이 소비되었어. 뒤이어 일본

〈곤여만국전도〉

마테오 리치는 중국에 처음 크리스트교를 전파한 이탈리아 선교사야. 또 서양에는 공자와 유교를 최초로 소개한 인물이기도 하지. 중국을 다녀온 조선 후기의 실학자 홍대용이 남긴 기록을 보면 '이마두(마테오 리치)는 천문성상과 산수역법을 모르는 것이 없었다 한다. 그 근본을 연구하고 증거를 밝혀 억지스러운 말이 없으니 천고에 기이한 재주이다.'라고 표현되어 있어.

마테오 리치는 중국어와 중국 문화를 깊이 이해하고 있었다고 해. 유교를 깊이 공부해서 자유롭게 인용할 정도였지. 특히 서양의 수학, 천문학, 지리학 등의 지식을 전해 주었을 뿐만 아니라 지리 지식과 자료들을 종합해 중국의 학자들과 함께 〈곤여만국전도〉를 제작했어. 이 지도는 이후 조선과 일본에까지 전해져 서양의 지리와 학문이 전파되는 데 큰 역할을 했어.

▲ 중국인의 의복을 입은 마테오 리치

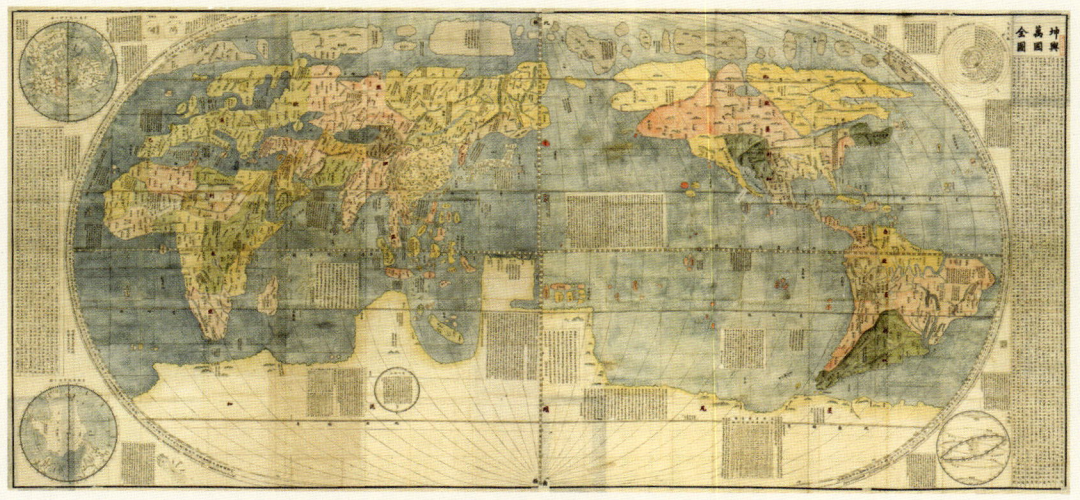

▲ 명 때 마테오 리치가 제작한 세계 지도인 〈곤여만국전도〉

의 도요토미 히데요시가 조선을 공격해 일으킨 임진왜란에 지원병을 보내며 780만 냥의 은이 전쟁 비용으로 쓰였지. 뒤이어 쓰촨 지방의 도지휘사로 있던 양응룡이 서남의 변경 지역에서 난을 일으키면서 전쟁 비용이 필요하게 되었어.

명은 이 세 번의 전쟁에서 모두 승리했지만, 심각한 재정난은 피할 수가 없었어. 이 와중에도 황족들의 사치는 계속되었고, 조정에서는 유학자 출신 관료와 환관들의 권력 다툼이 심화되었다. 재정 적자를 메우기 위해 은광을 개발한다고 세금을 걷었지만 그것마저 혼란을 틈타 환관의 주머니 속으로 들어가 버렸지. 이렇게 중앙에서 혼란이 거듭되고 있을 때 산시성 북부에서는 큰 흉년이 들었어. 굶주림에 내몰린 농민들은 무리를 지어 관청과 부자들의 창고를 약탈했고, 이들은 결국 반란군이 되었단다.

이때 장헌충과 이자성 같은 반란군의 우두머리들이 농민들을 모아 커다란 세력으로 떠올랐어. 특히 이자성은 시안을 점령한 뒤 국호를 '대순'이라 짓고 스스로 왕위에 올라 명의 수도인 베이징까지 점령했어. 먹고살 길이 없어 반란군이 된 홍건적의 우두머리인 주원장이 세운 명이 300년도 지나지 않아 다시 반란군의 무리에 의해 쓰러진 거야.

이자성은 반란군을 통제하고 민심을 수습하기 위해 여러 정책을 시행했어. 농민들에게 토지를 분배

▲ 이자성의 반란에 끝까지 저항했지만 스스로 생을 마감할 수밖에 없었던 명의 마지막 황제, 숭정제

하고 세금을 감면해 주었지. 또 부자의 재산을 몰수하여 빈민들에게 나눠 주기도 했어.

그런데 이때 만리장성의 동쪽 끝 산하이관(산해관)을 지키던 명의 장수 오삼계가 만주에 살던 여진족과 함께 베이징을 공격해 왔어. 이자성은 베이징을 탈출하여 달아나던 중 살해당했다고 해. 이로써 명은 문을 닫고 역사 속으로 사라지게 된단다. 이후 베이징을 차지한 여진족은 청을 세웠어.

▼ 산시성에 있는 이자성의 행궁

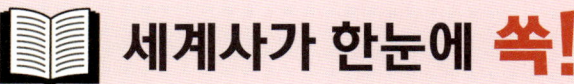 세계사가 한눈에 쏙!

01 원 말기에 정치적·경제적 혼란이 심해지자 미륵불이 나타나 새로운 세상을 만들 거라는 백련교 사상이 유행했다. 그리고 백련교도들이 주축이 된 농민 반란인 홍건적의 난이 일어났다.

02 홍건적에 가담했던 주원장은 새로운 왕조인 명을 세우고 황제의 권력을 강화하는 중앙 집권 체제를 확립했다.

03 명의 제3대 황제 영락제는 모든 영역의 지식을 망라한 백과사전 《영락대전》을 편찬했다. 또한 수도를 난징에서 베이징으로 옮기고 자금성을 건설했다.

04 환관 정화는 영락제의 명으로 대항해를 시작했다. 정화의 대항해는 동남아시아에서 아프리카까지 이르렀으며 30여 개국을 원정하며 명의 국력을 과시했다.

05 환관들과 내각 관리들의 권력 다툼으로 중앙 정치가 무너지면서 명은 쇠퇴하기 시작했다. 지방에서는 사회 여러 방면에 영향을 끼치며 향촌 사회의 질서를 유지하는 신사층이 성장했다.

06 농업과 상업이 발달하면서 상인 계층이 성장했고, 포르투갈, 에스파냐, 네덜란드 등 유럽 국가들과도 활발하게 교역했다. 한편 선교사들을 통해 서양 지식이 명에 전파되었다.

07 명은 심각한 재정 적자에 허덕이다가 이자성의 난과 같은 농민 반란이 일어나 결국 멸망했다.

6장 청

- 누르하치의 후금 건국
- 홍타이지의 청 건국
- 강희제의 시대
- 옹정제의 개혁 정치
- 건륭제의 대통일
- 도시의 발전과 광둥 무역

명이 멸망하고 새롭게 중국 대륙을 차지한 민족은 '만주족'이야. 우리에게는 여진이라는 이름으로 익숙하지. 그들은 백두산과 헤이룽강(흑룡강) 유역에서 오래전부터 수렵 생활을 하던 사람이었는데, 시대에 따라 부르는 이름이 달랐어. 가장 먼저 역사서에 등장한 이름은 '숙신'이었어. 그러다 중국 진한 시대에는 '읍루', 남북조 시대에는 '물길', 수와 당 시대에는 '말갈'로 불렸어. 그들 중 일부는 고구려의 유민들과 함께 발해를 세우기도 했지.

이들은 중국 대륙에 통일 제국이 등장하면 지배를 받으며 흩어져 살다가, 혼란기에는 힘을 모아 강력한 나라를 세우기도 했어.

명 말기인 1616년, 누르하치는 여진족을 통일하고 후금을 세웠어. 이후 그의 아들 홍타이지가 여진족을 만주족으로, 나라의 이름을 '청'으로 바꾸었지. 청은 중국의 마지막 통일 왕조로 만주족이 지배 계층이 되어 한족을 다스린 나라였어. 그럼 이전의 중국을 지배했던 왕조들과 청은 어떻게 달랐을까? 지금부터 자세히 살펴보자.

▲ 선농단에서 제사 지내는 옹정제의 모습

108

누르하치의 후금 건국

여진족이 다른 부족보다 다소 사회 발전이 뒤처졌던 것은 전통적으로 수렵 위주의 반농반목 생활을 해 왔기 때문이야. 수렵 생활을 하는 부족민들은 이동할 수밖에 없었어. 정착 생활을 시작해서도 농사를 지을 노동력이나 소처럼 농사를 도울 가축도 귀했지. 그뿐 아니라 철제 농기구를 제작할 기술이나 원료도 부족해서 대부분의 물자를 수입에 의존해야 했어. 여진족은 담비 가죽이나 약재, 토산물 등을 팔아 인근 나라에서 쌀, 소금, 철제 농기구, 옷감 등 생활용품을 사들였어.

농사뿐 아니라 수공업도 발전하기 힘든 이러한 상황 속에서 그들은 정착하지 못하고 계속해서 유목 생활을 했지. 그러다 보니 사회 발전이 늦어졌단다.

하지만 11세기 중엽에는 여진족이 금을 세워 대륙을 지배하기도 했어. 금의 위세는 대단했어. 거란족이 세운 요와 한족이 세운 송을 멸망시킬 정도였지. 한족은 남으로 달아나 남송을 세워 금과 대치

> 반농반목이란 농사를 지으면서 목축업도 함께 하는 것을 말해.

여진족은 1430년대 이후에 이르러서야 비로소 정착 생활을 하기 시작했어.

◀ 12세기 동아시아

하기도 했어. 그러나 다시금 강력한 몽골 제국의 등장으로 여진족은 뿔뿔이 흩어졌다가 명 시기에는 세 개 부족으로 나뉘어졌어. 명은 여진족이 세운 강력한 금의 위력을 잊지 않았기 때문에 여진족을 늘 견제하고 감시했어. 하지만 여진족이 몽골의 남하를 막아 주는 역할을 했기 때문에 완전히 없애지는 못했지. 그래서 명은 여진족의 단합을 막기 위해 간접 통치하면서 강제 이주 정책과 '이이제이' 정책을 활용했단다. 이이제이란 오랑캐를 오랑캐로 무찌른다는 뜻으로 명의 이익을 위해 이민족들끼리 서로를 견제하도록 한 것이야. 이러한 분열 정책으로 여진족은 세 개 부족으로 나뉘어져 있었어.

그런데 명 말기에 여진족을 다시 통합한 사람이 나타났어. '누르하치'였지. 1460~1470년대 여진에서는 명과 조선의 연합군으로 인해 450개 이상의 촌락이 파괴되고 1천여 명이 죽거나 포로로 잡혀가는 일이 일어났어. 이후에도 명의 군대가 수차례에 걸쳐 전쟁을 일으키는 바람에 여진의 경제는 엉망이 되었어. 이 과정에서 누르하치의 할아버지와 아버지가 명의 군대에게 살해당했단다. 누르하치는 울분을 감춘 채 조용히 명의 관직을 받아들였지. 그러고는 멀리 있는 부족과는 선물과 결혼으로 화친을 맺고, 가까운 곳의 부족은 무력으로 정복하는 방법으로 힘을 키우기 시작했어. 그러다 일본의 조선 침략으로 임진왜란이 발발하자 명의 감시와 간섭이 소홀한 틈을 이용하여 세력을 더욱 확장시켰어.

1616년 드디어 누르하치는 칸의 자리에 올라 금을 세웠어. 이를

'후금'이라고 부르는데, 나라 이름을 '금'으로 정한 것은 12세기 여진족이 세웠던 금을 계승한다는 의지의 표현이었어. 그러나 후금은 처음부터 섣불리 명에 대항하지 않았고 여전히 명에 조공을 바쳤어. 그러다가 누르하치는 1618년 명의 혼란한 상황을 틈타 만주 동남부의 랴오닝성에 있는 푸순이라는 도시를 공격했어. 깜짝 놀란 명의 조정에서는 대규모의 군대를 파견하여 진압하려 했지만 누르하치는 명의 군대를 상대로 크게 이겼어. 누르하치는 기세를 몰아 랴오허강 지역까지 세력을 확장하고 파죽지세로 명의 군대를 더욱 몰아붙여 랴오둥반도 지역까지 손에 넣게 돼. 누르하치의 세력은 빠른 속도로 커져서 처음 10만 명이 넘지 못했던 총인구가 인근 부족들을 점령한 뒤에는 40~50만 명에 달했어.

누르하치의 이러한 성공적인 부족 통일과 강력한 군사력은 '팔기제'라는 새로운 제도 덕분이었어. 팔기제는 누르하치가 창설한 만주족의 독자적인 제도로 인구 통계와 조세 납부, 병력 동원 등을 위한 행정 제도인 동시에 군사 제도로서 중국 정복과 통일 과정에서 중요한 역할을 했어.

◀ 누르하치야. 랴오둥반도 지역에서 명의 관직을 받아 인근의 여진족을 관리하는 사람이었어.

팔기군

팔기군은 누르하치가 여진족 사회를 군사적으로 다시 편성하여 만든 조직이야. 부족을 네 개의 니루로 다시 편성하고 열 명씩 한 단위로 하는 통일된 군사 조직을 만든 거야. 이것은 본래 여진족의 전통을 발전시킨 것이기도 했어. 원래 여진족은 수렵을 나갈 때 열 명 단위로 해서 한 명의 우두머리가 아홉 명을 지휘했어. 이 우두머리를 니루 어진이라고 했지. 니루란 화살이라는 뜻이고 어진은 주인이라는 뜻이야.

누르하치는 황, 백, 홍, 남의 네 가지 색 깃발로 네 개의 니루를 구분했어. 이후 니루는 후금의 가장 기본적인 군사 단위가 되었지. 그뿐만 아니라 니루는 각종 세금을 납부하고 부역을 담당하는 경제, 사회 단위의 역할까지 하게 되었어.

누르하치의 새로운 군사 조직은 전쟁에서 잇달아 승리를 거두었어. 여진족은 전투에서 여진족에게 항복한 자들과 전쟁 포로들을 자신들의 군대로 흡수했어. 그렇게 니루의 규모가 더 커지게 되었지. 이에 누르하치는 1615년 여진족을 대규모 군사 조직인 '팔기'로 편성하여 지휘 체계를 확립했어. 종전의 네 개 니루의 네 가지 색에 각각 테두리를 두른 문양을 사용해 여덟 개의 기를 만들었지.

◀ 팔기군을 상징하는 깃발 여덟 개

홍타이지의 청 건국

누르하치는 1626년 전투 중에 부상을 입었고, 그해 병으로 죽고 말았어. 그는 본래 막내아들에게 칸의 지위를 물려줄 생각이었는데 여덟째 아들인 홍타이지가 형제들을 죽이고 권력을 잡았어. 홍타이지는 칸으로 즉위한 뒤 약 10년 동안 대외 전쟁을 승리로 이끌고 몽골의 남쪽 지방까지 점령한 뒤 팔기군과 몽골의 추대 형식을 빌려 황제가 되었어.

홍타이지는 나라의 이름을 청이라 고치고, 수도도 랴오닝성 선양으로 옮겼어. 이때부터 자신의 부족을 여진이라 부르지 않고 '만주족'이라고 불렀어. 중앙 정치 체제도 중국식 관료 제도인 6부로 정비하고 한족이 많이 살고 있는 랴오둥반도 지방을 통치하기 위해 과거를 실시하여 많은 한족 관료를 등용했어. 또한 몽골과 티베트를 지

> 추대라는 것은 윗사람으로 떠받든다는 뜻으로 왕으로 추대하였다는 것은 아랫사람들이 왕이 되기를 요청했다는 뜻이야.

▼ 선양고궁이야. 청의 초대 황제인 누르하치와 제2대 황제 태종이 선양에 건립한 궁이야.

배하기 위해 티베트를 중심으로 발전한 불교인 티베트 불교를 널리 포교하기도 했지. 청은 이때부터 만주족만을 지배하던 후금에서 벗어나 만주족과 한족, 몽골 등 주변 국가들까지 아우르는 다민족 국가로 탈바꿈하기 시작했어.

한편 아직까지 명은 명맥을 유지하고 있었어. 홍타이지는 쓰러져 가는 명을 정복하기 위한 준비 과정으로 먼저 조선을 침략했어. 홍타이지는 직접 10만 대군을 거느리고 조선으로 쳐들어왔지. 이것이 1636년에 일어난 병자호란이야. 이 전쟁에서 조선의 임금 인조는 청에 굴욕적인 항복을 하게 되고 조선은 청을 임금으로 섬기는 군신 관계를 맺었지. 이후 조선은 청에 명 정복을 위한 재정과 식량을 공급해야만 했어. 내몽골에서는 청에 인력과 말을 공급했지.

모든 준비를 마친 청은 드디어 명 정복을 시작했어. 홍타이지는 네 번의 군사 원정으로 북만주의 헤이룽강 지역을 장악하고 세 차례나 만리장성을 넘어 침공했지만, 명의 수도 베이징을 차지하지 못했어. 결국 홍타이지는 명 정복의 뜻을 이루지 못하고 죽었어.

이후 홍타이지의 아홉 번째 아들이 다섯 살의 나이로 재위에 올랐는데 그가 바로 순치제야. 순치제의 숙부가 그를 도와 섭정하면서 명 정복을 주도해 갔지.

조선의 왕 인조는 병자호란 발발 45일 만에 항복을 결정하고 삼전도에서 홍타이지를 향해 세 번 절하고 아홉 번 머리를 조아리는 '삼궤구고두례(삼배구고두례)'의 치욕적인 항복식을 해야 했지. 이 사건을 '삼전도의 굴욕'이라고 불러.

강희제의 시대

명 말기에는 전 지역에서 일어난 반란으로 사회가 몹시 혼란스러웠어. 이자성의 군대가 명의 수도 베이징을 장악하고 황궁으로 진군해 오자, 명의 마지막 황제는 자금성이 내려다보이는 언덕에서 스스로 목숨을 끊었어.

만리장성의 동쪽 끝 관문인 산하이관을 지키던 오삼계는 베이징이 함락되자 청에 도움을 요청하여 청 군대와 함께 베이징으로 진군했어.

1644년 베이징을 장악한 청 군대는 단시간에 질서를 회복하고 달아나던 이자성의 대순 정권을 붕괴시켰어. 하지만 청이 중국 대륙을 완전히 지배하기 위해서는 과제가 남아 있었지. 바로 명의 황족들이 창장강 남쪽에 세운 왕조인 '남명'을 정복하는 일이었어. 또한 향촌의 지배 세력인 신사층을 청의 편에 서도록 설득해야 했지.

청 군대는 항복하는 사람들에게는 너그러웠어. 한족들의 재산과 기득권도 보장해 주었지. 다만 만주족에게 복종한다는 의미로 한족의 남자들은 모두 머리를 깎고 변발을 해야만 했어. 또한 만주어를 사용하고 옷도 소매가 좁은 만주식 옷을 입어야 했지. 청 군대는 저항하는 한족들에게는 용서가 없었어. 무자비한 살육과 약탈을 저질렀지. 끝까지 저항하던 한족의 관료들은 능욕을 당하기 전에 자신의 손으로 가족을 죽이기도 했단다. 이렇게 청 초기에는 만주족의 지배를 인정하지 않는 한족들을 회유하기도 하고 억압해

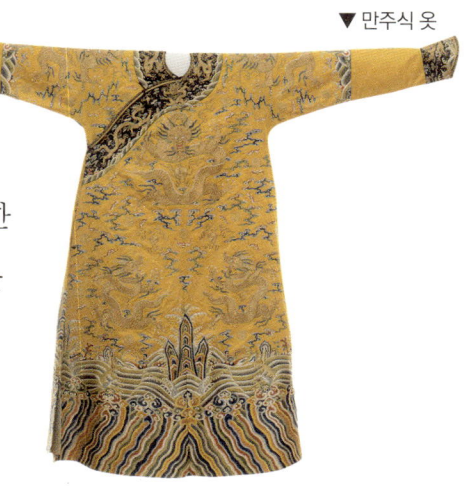
▼ 만주식 옷

서 굴복시키기도 하는 정책을 펼쳤어. 하지만 그런 노력에도 불구하고 남아 있는 명 세력인 남명이 완전히 없어질 때까지는 18년이라는 시간이 필요했어.

1669년 열여섯 살이 된 강희제는 권력을 쥐고 있던 전 황제의 총애를 받았던 신하를 체포하고 실권을 장악했어. 이후 60여 년의 긴 통치 기간 동안 안팎으로 눈부신 업적을 쌓았어. 그는 명 출신 장군 세 명이 일으킨 '삼번의 난'을 진압하고 타이완(대만)의 청 반대 세력까지 평정하여 청의 완전한 중국 지배를 완성했단다. 또한 중국 북방에서 러시아와 충돌이 자주 발생하자 협상을 진행하여 1689년에 중국에 유리한 조건으로 네르친스크 조약을 맺었지. 이 조약은 청이 유럽 국가와 최초로 대등하게 체결한 조약이야.

타이완 점령 이후 강희제는 해금 정책을 풀고 중단되었던 해외 무역을 다시 실시했어. 해외 무역이 활기를 띠자 침체되었던 경기가 되살아나기 시작했어. 강희제는 또 황허강의 치수와 대운하 보수에 힘을 쏟았어. 대운하가 잘 관리되어야만 남부 지방의 풍부한 물자와 세금이 수도인 북쪽의 베이징으

▲ 네르친스크 조약으로 확정된 국경

로 잘 전해지기 때문이야. 생산과 유통이 활발해지자 인구도 늘어났지.

청은 만주족이 지배 계층이었지만 한족의 문화를 받아들여 만주족과 한족의 융화를 꾀하는 정책을 추진했어. 강희제는 유교를 장려했을 뿐 아니라 자신도 성리학에 조예가 깊었다고 해. 강희제는 서양 선교사들이 가져온 문물에도 관심이 많았어. 그들을 스승으로 삼아 천문학, 역법, 수학, 지리학, 군사학 이론 등 서양의 학문과 기술을 도입하도록 했어.

강희제는 사회 문화적으로는 매우 포용적인 인물이었지만, 청 왕조에 대한 비판은 용납하지 않았어. 그는 관료들을 통제하기 위해 주접 제도를 활용했는데, 주접이란 관료들이 황제에게 문안이나 답례 인사로 올리는 사적인 문서였어. 강희제는 자신이 신임하는 신하들에게 지방관이나 관료들의 움직임을 비밀리에 살피고 주접을 이용하여 보고하게 했지. 강희제 시대는 대내외적인 평화와 번영·정치·경제의 안정과 성장으로 청 최고의 전성기로 평가된단다.

▲ 청의 제4대 황제인 강희제

강희제는 넉넉한 재정을 바탕으로 학자와 관료들로 하여금 1만여 권에 달하는 《고금도서집성》을 편찬하게 했어. 이 책은 방대한 규모의 백과사전이라고 볼 수 있는데, 여러 종류의 중국어 사전, 철학서, 당대 시 문집 등이 포함되어 있어.

역사 속 상식 쏙

삼번의 난

오삼계를 포함하여 상지신, 경정충은 자신들의 근거지를 중심으로 반란을 일으켰어. 그들은 청에 협조한 대가로 번왕에 봉해져 막대한 재정적 지원과 함께 변방을 지키고 있었어. 실제 그들은 명의 부활을 외치면서 반란을 일으켰지만 황족들의 토벌에 앞장섰던 사람도 그들이었지. 비록 명분은 부족했지만 만주족의 중국 지배를 못마땅하게 여겼던 많은 한족이 이 반란에 동참했어. 하지만 이미 더 많은 한족이 청의 지배를 받아들이고 있었지. 이들은 애써 자리 잡은 사회 질서가 다시 혼란스러워지기 바라지 않았기 때문이야. 강희제는 삼번의 난을 진압하는 데 성공했고, 그때까지 남아 있던 명의 세력을 모두 평정했어.

▲ 상지신

옹정제의 개혁 정치

1722년 강희제가 죽고 강희제의 넷째 아들 옹정제가 제5대 황제로 등극해 청을 통치했어. 옹정제의 통치 기간은 13년으로 그리 길지는 않았지만 그는 적절한 개혁을 시행하여 나라를 더욱 안정시켰어. 옹정제는 학자 출신의 관료보다는 실무에 능한 관료를 발탁하여 가까이 두었는데, 이는 강희제 말년에 흐트러진 사회 분위기를 다시 정비하면서 새로운 개혁을 추진해 나가기 위해서였어. 옹정제는 부자와 특권층들이 행했던 탈세의 관행을 뿌리 뽑기 위해 복잡했던 세금 징수 체계를 간결하고 명확하게 한 '지정은제'를 추진했지. 지정은제는 토지세와 부역세를 합쳐서 은으로 세금을 내도록 한 제도야. 정부에서는 세금을 낼 사람을 정확하게 파악하여, 효율적으로 세금을 거두어들이기 시작했어. 지정은제로 거두어들인 세금의 양은 매년 약 3000만 냥 정도였는데, 옹정제는 그중 10퍼센트를 부가세로 하여 문관들에게 '양렴은'으로 주었어. 양렴은은 관료의 녹봉에 더하여 주는 일종의 특별 수당이야. 명과 청 시대의 관료들의 봉급은 매우 적은 편이었지만 관료 한 사람이 부양해야 하는 가족이나 친구, 손님, 개인 보좌관들은 많았지. 그런데 행정 업무를 집행할 경비조차 충분하지 않다면 어떻게 될까? 자연히 부정부패가 생겨날 수밖에 없었어. 옹정제는 관료들의 부패 원인이 '적은 봉급'에 있다고 보았기 때문에 관료들에게 양렴은을 지급하면서 청렴과 절제를 요구한 거야.

이처럼 관료들에게 경제적인 혜택을 주면서도 옹정제는 전 지역에 설치된 역참을 이용하여 관료들의 일을 비밀리에 보고를 받고 또 지방 관료들에게 직접 정치 실정을 보고하도록 했어. 두 보고서

▲ 청의 제5대 황제인 옹정제

> 탈세란 세금을 내야 하는 납세자가 세금의 전부 또는 일부를 내지 않는 것을 말해.

옹정제가 직접 붉은색으로 표기한 문서들의 글을 모아서 편찬한 것이 《옹정주비유지》야. 붉은 먹은 황제만 쓸 수 있었대.

변경은 나라의 경계가 되는 변두리의 땅을 말해.

의 내용이 맞지 않으면 관료는 조사와 문책을 받아야만 했지. 아버지 강희제의 주접 제도를 더욱 확대한 셈인데, 이로 인해 옹정제는 관료들의 기강을 확실하게 세울 수 있었어. 심지어 지방 관료들에게 보고를 받은 문서에 직접 붉은색으로 답장을 썼다고 해. 하지만 본래 재상들이 검토하던 문서까지 황제가 모두 살펴보았으니, 어마어마하게 많은 문서를 보아야만 했겠지. 거기에 일일이 답까지 써서 보냈다니, 옹정제는 언제 쉴 수 있었을까? 기록에 따르면 옹정제는 매일 밤 12시에 자서 새벽 4시에 일어나 바로 업무를 수행했다는구나. 매우 성실하고 열심이었던 황제였어.

또한 그는 중국 북서와 남서의 변경 지역에 거주하는 소수 민족들에게도 직접 중앙의 관리를 파견하여 그들을 통치하게 했어. 북서와 남서의 변경 지역에 사는 소수 민족들은 대대로 중앙의 정부에서 관직을 받아 자기 민족을 스스로 관리하고 통치해 왔어. 후금을 세운 누르하치 역시 명에 관직을 받아 여진족을 통치·관리했지. 그런데 옹정제의 정책은 이러한 토착민들의 권한을 빼앗는 것이었어. 어찌 생각해 보면 옹정제는 소수 민족의 힘이 커지는 것과 분리 독립의 위험을 누구보다 잘 알고 있었기 때문에 이런 정책을 강력하게 추진했는지도 몰라. 이 정책에 불만을 품은 일부 소수 민족들의 관료들이 반란을 일으켰지만 옹정제는 많은 군대를 보내 이를 진압했어.

이 때문에 옹정제를 독재 군주라 칭하기도 하는데, 따지고 보면 송대 이래 권력을 강화시킨 황제들은 모두 독재 군주라 할 수 있지.

독재 체제가 강화됨으로 나라의 기강이 바로잡히고 혼란이 줄어들 수 있었어. 그래서 옹정제는 청의 전성기를 더욱 발전시키고 안정시킨 황제로 평가된단다. 옹정제는 황위에 오른 이래 한 번도 순행을 떠난 적이 없고 오로지 베이징의 자금성에 앉아서 정사만을 돌보았대. 심신이 지칠 때마다 남방에서 가져온 식물들을 보면서 마음을 가라앉혔다는데, 지나친 과로가 옹정제를 쇠약하게 만든 건 아니었을까? 죽기 직전까지도 일만 하던 옹정제는 58세의 나이로 갑작스럽게 병으로 숨졌단다.

> 순행은 임금이 나라 안을 두루 살피며 돌아다니던 일을 말해.

건륭제의 대통일

옹정제가 죽고 신하들이 다음 황제의 이름이 담긴 밀봉된 상자를 꺼내자 그 속에서 나온 이름은 넷째 아들 건륭제였어. 건륭제는 1735년 태자밀건법에 의해 황태자를 거치지 않고 바로 즉위했어. 그는 할아버

◀ 청의 황실 능묘야. 허베이성 바오딩에 있는 청서릉이야.

태자밀건법

옹정제는 즉위하자마자 바로 '태자밀건법'을 제정했어. 이는 황제의 재위 기간에 황태자를 발표하지 않겠다는 것이야. 일찍부터 황태자를 정해 놓으면 황태자는 교만해지고, 신하들은 황태자를 둘러싼 채 당파 싸움을 한다고 보았기 때문이야. 태자밀건법이 시행되자 모든 황자들은 열심히 공부하기 시작했어. 누가 황태자가 될지 모르니 모두 황태자가 되기 위해 노력한 것이지. 대개 첫째 아들에게 황위를 넘겨주었던 역대 중국 왕조들과 달리, 청은 가장 똑똑하고 강한 아들에게 황위를 물려주었어. 이것은 소수의 만주족이 다수의 한족을 지배하기 위해 만든 합리적인 원칙이었지. 황제가 살아 있을 때 다음 황제가 될 황자의 이름을 써서 정해진 곳에 감춰 두면 그가 죽은 뒤에 발표되어 황제가 되었어.

지 강희제와 여러모로 비교되었는데, 자신의 재위 기간(60년)이 강희제의 재위 기간(61년)을 넘는 것을 꺼려하여 60년 만에 퇴위하고 태상황제가 되기도 했어. 이 태상황제로 있던 3년의 시간을 합하면 중국 역대 황제 중 재위 기간이 가장 길지. 건륭제가 통치하던 60년은 정치, 경제, 군사, 문화 등이 융성한 것은 물론 중국 영토가 최대로 확장된 시기였어.

건륭제는 강력한 경제력과 군사력을 바탕으로 정복 전쟁을 시작하여 직접 원정에 참여했어. 대금천 공격을 시작으로 몽골의 중가르, 타이완, 베트남, 버마, 네팔 등을 원정해 영토를 확장했어. 건륭제의 정복 사업은 한족들과 함께했다는 점에서 큰 의미를 가져. 이를 통

> 태상황제란 자리를 물려주고 들어앉은 황제인 상황을 높여 부르는 말이야.

해 만주족과 한족이 하나로 융화되었기 때문이야. 건륭제는 스스로를 '십전노인'이라 부르며 자신이 직접 나간 10여 차례의 원정에서 모두 승리한 것을 매우 자랑스러워했어.

건륭제의 이러한 원정으로 청은 중국 역사상 원을 제외하고, 가장 넓은 영토를 차지할 수 있었어. 만주족을 비롯하여 한족, 몽골족, 위구르족, 티베트인, 중국 서남부의 수많은 소수 민족들까지 아우르는 다민족 국가가 건륭제 시대에 완성된 거지. 또한 이 시기에 확정된 국경선은 오늘날 중국의 국경선과 거의 비슷해.

건륭제는 덕으로 나라를 다스린다는 유교의 통치 이념을 상징적으로 실현하기 위해 공자가 태어난 산둥성 취푸(곡부)에서 공자에게 제사를 지내기도 하고, 《사고전서》를 편찬하기도 했어. 《사고전서》는 총 3,458종, 7만 9582권의 거대한 전집으로 이때까지 편찬된 모든 중국의 고전을 모

▲ 건륭제와 건륭제가 원정 때 입던 황금 갑옷

▲ 《사고전서》가 소장된 자금성의 문연각

두 정리해서 넣었다고 볼 수 있어. 그 이전 시대에도 지식인들의 회유책으로 편찬 사업을 펼쳤지만 그중에서도 《사고전서》는 명의 《영락대전》의 세 배가 넘는 역대 가장 큰 규모야. 당대의 서적을 국가가 모두 모아 정리했다는 데에서 큰 의의가 있지. 하지만 한편으로는 '문자의 옥'을 일으키는 계기가 되기도 했어. 문자의 옥이란

출판의 황금기에서 발전한 고증학

명과 청 시대는 서적 출판의 황금기였어. 활발한 출판 활동은 전통 문헌을 계승시키고 문화와 지식을 전파하는 기능을 할 뿐 아니라 《사고전서》와 같은 총서의 간행을 가능하게 했어. 《사고전서》의 편찬은 '고증학'을 학문으로 발전시킨 계기가 되기도 했어. 고증학이란 객관적이고 실증적으로 유교 경전과 역사서를 연구하는 학문적 경향으로 벼슬에 오르기 위해 과거 시험만을 목표로 하는 공부와는 달랐지. 고증학은 객관적인 증거를 중요시하고 경전의 정확한 의미를 파악하는 데 목적을 둔 학문이야. 학자들이 과거 공부에서 자유로워져서 순수하게 학문만을 연구하기 위해서는 생계가 보장되어야 해. 《사고전서》 편찬이라는 국가 사업이 시행되면서 학자 3,600여 명이 여기에 참여하였고, 그 결과 고증학자들이 많이 배출될 수 있었어. 또한 강남 지방을 중심으로 출판 사업이 발달하고 개인의 장서 수집 열풍 등으로 도서 시장이 커지자 고증학자들의 활동도 크게 늘었어. 이들은 베이징에 사신으로 왔던 조선 후기 실학자들과도 깊은 학문적 교류를 나

문서에 적힌 문자나 내용이 황제나 체제에 대한 비판을 담고 있다고 하여 해당 문서를 쓴 자를 벌하는 것을 말해. 특히, 건륭제 때에는 청과 만주족에 대하여 불순한 내용이 있는 책은 금서로 지정됐으며, 그런 내용을 적은 학자는 본인뿐 아니라 그 가족과 제자까지 처형했어. 문자의 옥은 소수의 만주족이 다수의 한족을 다스리기 위한 사상 통제 방법이었어. 문자의 옥으로 자유로운 사고와 주장이 불가능해지자 과거의 고전을 연구하는 고증학이 발달하게 되었어.

청 최고의 전성기인 강희제, 옹정제, 건륭제가 통치하던 134년을 '강건성세'라고 해. 어진 임금이 다스린 좋은 시대라는 뜻이야.

누기도 했어.
민간에서는 학습이나 연구용 서적뿐 아니라 천문, 지리, 풍속, 농업, 공예 등에 관한 지식을 담은 책이 많이 만들어졌어. 또한 판화가 들어간 문예 작품도 큰 인기를 끌었어.

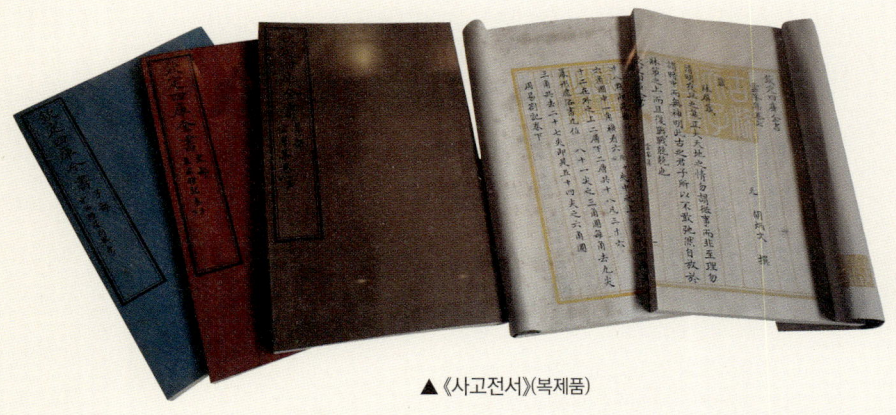
▲《사고전서》(복제품)

▲ 건륭제의 친필

편액은 그림을 그리거나 글씨를 써서 걸어 놓는 액자를 말해.

이 시기에는 문화도 매우 발전했어. 건륭제는 시 짓기를 좋아해서 오전에는 정무를 보고 오후와 저녁에는 주로 시를 지었대. 그는 시보다 서예 실력이 뛰어났고 그림 그리기도 잘했어. 자금성 안의 여러 편액을 썼으며, 자금성의 후원과 정자를 그린 그림들이 많이 남아 있어. 또 예술가들을 초대하여 차를 대접하고 이야기 나누기를 좋아했다고 하니, 자연히 건륭제의 시대에는 문화 예술이 부흥했겠지.

건륭제는 또 궁전과 행궁, 도로, 운하, 사원 등을 새로 짓거나 증축하기도 했어. 특히 12세기 초에 처음 조성되었던 후원인 이화원(이허위안)을 대폭 확장했지. 이화원은 중국 황실의 최대 규모의 정원으로 오늘날까지도 많은 관광객을 맞이하고 있어.

건륭제는 또한 황실 정원인 원명원을 서양 선교사들에게 명하여 서양식으로 개축했어. 건륭제는 서양의 선교사들을 우대하며 그들에게 부분적인 선교 활동을 허락했어. 하지만 교회의 가르침에는 전혀 관심이 없었고 선교사들의 예술적, 과학적 지식에 흥미가 있었지. 이때 선교사들은 청의 천문대인 흠천감에서 근무하면서 중국의 천문학과 지리학 발전에 많은 도움을 주었단다. 선교사들에 의해 중국은 서방 세계에 본격적으로 알려졌어. 그러면서 서양의 무역 요구가 크게 늘어났지. 당시 서양의 여러 나라들은 항해술의 발달과 산업 혁

개축이란 축조물을 새로 짓거나 고쳐서 쌓는 것을 말해.

원명원은 지붕은 중국식, 건물 외벽은 서양식으로 지었어. 유럽 왕실에서 쓰는 진귀한 물건들을 가져다 전시해 놓았대.

명 등으로 전 세계의 무역항을 찾아 활발하게 활동하고 있었어.

건륭제는 서양의 무역 요구를 일부 수용해 주었어. 중국의 면, 칠기, 도자기, 비단 등이 세계에 수출되었고 이에 따라 국가 재정이 늘고 백성들의 삶은 윤택해졌어. 이러한 무역을 통해 청 정부는 많은 은을 확보했대.

더할 수 없는 최대 전성기를 이끌었던 건륭제였지만, 그의 말년은 좋지 못했어. 잘못된 인재 등용과 사치, 부패로 청을 쇠락의 길에 접어들게 했지. 특히 건륭제는 할아버지 강희제와 마찬가지로 자신이 다스리는 영토를 둘러보는 것을 매우 좋아했어. 건륭제는 한족들이 주로 사는 강남으로 순행을 여섯 번 다녀왔어. 또 산둥성, 후베이성을 둘러보는 동쪽 순행을 다섯 번, 쓰촨성 일대의 서쪽 순행을 네 번이나 실시했어. 이러한 황제의 순행은 수도인 베이징과 지방 간의 정치, 학문, 예술 등의 교류를 활발하게 하는 이점도 있지만, 많은 비용이 들어가는 일이기도 했어. 거기에 건륭제가 말년에 등용한 '화신'이라는 사람은 황제의 총애를 등에 업고 권력을 휘둘렀어. 건륭제는 화신의 부정부패를 알았지만, 총애를 거두지 않았다고 해. 하지만 화신의 부정부패로 황실에 대한 민심은 멀어지고 있었지.

거기다 건륭제 말기인 1796년에는 백련교도의 난이 일어났어. 난은 1804년에 진압되었지만, 이 외에도 각지에서 반란이 계속되었지. 청 군대인 만주 팔기군의 전투력은 급격히 떨어져 있었어. 청 정부는 은 2억 냥을 반란 진압 비용으로 소모했고, 이에 따라 청의 재정

화신은 결국 건륭제가 죽고 나서 그의 아들 가경제 때 제거되었는데, 그때 그의 집에서 몰수한 은이 자그마치 지난 20여 년 동안의 국가 수입의 절반에 맞먹는 수준이었다고 해.

은 악화되었지. 백련교도의 난은 그 이후에도 계속 산발적으로 일어나다 청 말기 의화단 운동으로 이어졌어.

도시의 발전과 광둥 무역

명 시대부터 산업이 발전하여 대도시와 전국 각지에 많은 중소 도시가 출현했어. 사람들은 토지세가 무겁게 부과되는 쌀농사 대신 면화나 뽕을 재배하며 면포와 비단을 만들었지. 만들어진 옷감은 상인들이 끊임없이 사 갔어. 15세기 중엽만 해도 시장이 열흘에 1~2회 열렸는데, 면화 사업이 발달하면서 전국적으로 시장이 크게 늘어났어. 도시는 각종 상품을 거래하는 상점들로 가득 찼지. 비단, 면포, 그림, 의복, 금은 세공품, 석탄, 곡식, 유리, 소금 등 일상용품에서 사치품과 문화 상품까지 거래하는 물품도 다양했어. 명·청 시대에 상공업의 발전과 도시의 번영에 힘입어 서민 문화가 더욱 발전했어. 이 시기에 중국에서 처음으로 장편 소설이 나타났지. 청대에 대표적인 작품은 《홍루몽》이야. 이 시대 작품들은 직업적 만담가들이 시장에서 펼친 이야기를 재능 있는 문인들이 글로 쓴 것으로, 구어체로 쓰였기 때문에 많은 사람들이 쉽게 접할 수 있었어. 연극은 도시만이 아니라 농촌에까지 퍼졌으며, 경극이 대중 오락으로 자리를 잡았어. 춤과 음악, 연극이 혼합된 경극은 주로 영웅담이

▲《홍루몽》

역사 속 상식 쏙

경극

경극은 독특한 분장과 화려한 의상이 인상적인 중국의 대표적인 전통 연극이야. 14세기부터 널리 유행했던 중국 전통 가극인 곤곡의 요소가 가미되어 만들어졌어. 경극의 '경'은 북경(베이징)의 '경'으로 베이징에서 발전한 연극이라는 뜻이야. 하지만 경극의 바탕에는 역대 중국의 전통극과 중국 각 지역의 다양한 춤, 노래, 무예 등이 깔려 있어. 공연 내용은 역사, 기담, 민간 설화 등으로 총 3,000편 이상의 작품이 있다고 해.

▶ 경극 공연 장면

나 남녀 간의 사랑 이야기로 당시 사람들의 많은 사랑을 받았어. 또한 도시는 서원과 학교 등이 모여 있어 여론과 정보가 모이는 문화 활동의 공간이 되기도 했지.

강희제는 타이완을 평정한 뒤 해금 정책을 철회하고 다시 해외 교역을 시작했어. 광저우, 푸저우, 닝보, 윈타이산에서 외국 상인들과 교역을 했는데, 이 지역에 각각 월해관, 민해관, 절해관, 강해관을 설치하여 관세를 거두어들였어. 그러다가 1757년 건륭제는 한족들이 서양 상인들과 결탁하여 반청 운동을 일으킬까 봐 대외 무역항을 광저우 한 곳으로 제한했어. 이때부터 1842년 난징 조약이 맺어질 때까지 서양인들은 광저우에서만 교역을 할 수 있었어. 그렇게 서양 각국의 상인들은 광저우에 무역 회사를 설립했지.

> 난징 조약은 아편 전쟁의 종결을 위해 영국과 청이 체결한 강화 조약이야.

광저우에서는 공행이 월해관 감독을 대신하여 관세를 징수했어. 공행이란 광저우에서 대외 무역을 담당하던 상인 조합이야. 청 정부에서는 공행에게 무역 독점권과 관세 징수권을 주는 대신 황허강의 공사, 인삼의 강제 매입 등과 관련된 갖가지 비용을 부담하게 했고, 관리들도 이들에게 엄청난 뇌물을 요구했지. 공행은 또 이러한 비용을 외국 상인들에게서 몇 배 이상 받아 냈어. 당시 관세에는 선박의 크기에 따라 3등급으로 나누어 부과되는 선박세, 화물 가격의 2퍼센트에 해당하는 화물세가 있었어. 하지만 공행들은 68개의 부가세를 멋대로 외국 상인들에게 부과했단다. 공행의 횡포에 외국 상인들은 명확한 관세 규정을 제정해 달라고 정부에 요구했지만 전혀 받아들여지지 않았지. 광저우에 들어오는 모든 배들은 공행의 보증을 얻어야 하고, 또 외국 상인들은 오로지 공행하고만 접촉할 수 있었으며 일정 거주지 안에서만 움직여야 했어. 겨울에는 광저우에서 지낼 수도 없고, 마음대로 외출하거나 무기를 휴대할 수도 없었지. 그들이 관청에 진정서를 보낼 때도 공행을 통해야만 했어.

이는 관료들이 서양인을 대면할 수 없다는 중화 의식 때문이었는데, 당연히 이에 대한 서양 상인들의 불만은 대단히 높았지. 특히 당시 유럽의 최강국이었던 영국은 산업 혁명을 거치면서 대량으로 생산한 모직물을 중국에 자유롭게 판매하고 싶었어. 영국은 1793년, 1816년에 사절단을 파견하여 중국의 다른 항구에서도 무역을 허가해 줄 것과 자유 무역의 권리를 요구했어. 더불어 관세의 항목만이라

> 중화 의식은 중국 사람이 중국을 세계의 중심지로 여기며 스스로 우월성을 가지는 거야.

◀ 유일하게 해외 무역이 허가되었던 광저우항의 모습이야. 그림 속 건물들은 외국 상인들이 머물렀던 곳이란다.

도 명확하게 알려 달라고 요청했지. 하지만 영국 사절단은 아무런 성과를 얻을 수 없었어. 청 정부는 중국 대륙에서 나지 않는 것이란 없다고 생각했기 때문에 아쉬울 것이 없었지. 그들에게 무역이란 외국에게 은혜를 베푸는 일이었던 거야.

1793년 건륭제는 영국 사절단의 요구를 거절하면서 이런 말을 했대.
"내 명령에 벌벌 떨며 복종하라. 여기에 한 치의 어긋남도 있어서는 아니될 것이다."

하지만 영국의 사절단 대표로 온 매카트니는 청 정부의 무능함과 허약함에 충격을 받을 정도였다고 하는구나.

19세기 초 세계로 뻗어 가던 대영 제국으로서는 처음에는 중국의 무역 적자가 대수로운 일이 아니었어. 하지만 영국이 점점 더 많은 차와 비단, 도자기를 사들이는 데 반해 영국의 면직물이나 모직물은 중국에서 전혀 인기가 없었어. 광저우가 남쪽 지역이라 방한용인 모직물이 쓸모도 없을뿐더러 중국인들은 모직물은 야만인들이나 입는 옷이라고 여겼어. 이미 그들에게는 모두가 갖고 싶어 하는 비단도 있었고 말이야. 영국은 해마다 은 수십만 톤의 무역 적자를 기록하고 있었고 적자는 점점 더 불어났지. 영국은 대책을 강구하지 않을 수 없었어. 그리고 이 대책은 청의 몰락을 가져온단다.

📖 세계사가 한눈에 쏙!

01 명 말기 누르하치가 여진족을 통일했다. 누르하치는 칸의 자리에 올라 금을 세웠다. 이를 '후금'이라고 불렀다.

02 누르하치의 뒤를 이어 황제가 된 홍타이지는 나라의 이름을 '청'으로 바꿨다. 제4대 황제 강희제 때 '삼번의 난'을 진압하며 남아 있던 명 세력은 모두 평정됐다.

03 강희제와 옹정제, 건륭제의 시대는 청 최고의 전성기였다. 정치, 경제, 군사, 문화의 모든 면에서 강력한 국가를 이룩했다. 건륭제는 원 이후 중국의 영토를 최대로 확장했다.

04 건륭제의 명에 따라 중국의 고전을 총망라한 최대의 총서 《사고전서》가 편찬되었다. 이와 더불어 고전을 실증적으로 연구하는 고증학이 발달했다.

05 건륭제 말년, 잘못된 인재 등용과 건륭제의 사치와 부패로 민심이 돌아섰다. 백련교도의 난을 비롯한 반란이 계속되었고 청은 기울어 가기 시작했다.

06 중국의 차와 비단, 도자기 등이 서양에서 인기를 끌었고, 그로 인해 영국은 중국과의 무역에서 계속된 적자를 보았다.

사진 저작권

| 8쪽 일본 전경 [출처] 위키피디아 (CCO)

| 11쪽 조몬 시대 토우(사람 형상) [출처] 위키피디아 (CCO), 조몬 시대 토우(조몬 비너스) [출처] 위키피디아 (CCO)

| 12쪽 요시노가리 유적지 [출처] 위키피디아 (CCO)

| 13쪽 조몬 시대 토기(새끼줄 무늬 토기) [출처] 위키피디아 (CCO), 조몬 시대 토기(중기 제작) [출처] 위키피디아 (CCO), 조몬 시대 토기(중기 제작) [출처] 위키피디아 (CCO), 야요이 시대 토기(야요이 토기) [출처] 위키피디아 (CCO), 고분 시대 토기(스에키 토기) [출처] 위키피디아 (CCO)

| 14쪽 황금 도장 [출처] 위키피디아 (CCO)

| 15쪽 다이센 고분 [출처] 위키피디아 (CCO)

| 16쪽 후지노키 고분 [출처] 위키피디아 (CCO)

| 17쪽 게이타이 석상 [출처] 위키피디아 (CCO)

| 18쪽 아스카사 [출처] 위키피디아 (CCO)

| 19쪽 쇼토쿠 태자 동상 [출처] 위키피디아 (CCO)

| 19쪽 호류사 금당과 오층탑 [출처] 위키피디아 (CCO)

| 21쪽 고분 시대 토기(스에키 토기) [출처] 위키피디아 (CCO), 가야 토기(기마인물형 뿔잔) [출처] 위키피디아 (CCO), 일본 고류사 목조 반가 사유상 [출처] 위키피디아 (CCO), 금동 미륵보살 반가 사유상 [출처] 위키피디아 (CCO)

| 22쪽 왕인의 묘(일본 오사카 소재) [출처] 위키피디아 (CCO)

| 26쪽 초상화, 나카노오에 황자(덴지왕) [출처] 위키피디아 (CCO)

| 27쪽 그림, 〈나카노오에 황자가 이루카를 죽이다〉 [출처] 위키피디아 (CCO)

| 29쪽 오노성 성벽 [출처] 위키피디아 (CCO)

| 30쪽 덴지왕의 능(일본 교토시 소재) [출처] 위키피디아 (CCO)

| 31쪽 초상화, 오아마 왕자(덴무 천황) [출처] 위키피디아 (CCO)

| 32쪽 헤이조쿄 주작문 [출처] 위키피디아 (CCO)

| 33쪽 《일본서기》 [출처] 위키피디아 (CCO)

| 34쪽 도다이사 대불전 [출처] 위키피디아 (CCO)

| 35쪽 도다이사 대불 [출처] 위키피디아 (CCO)

| 37쪽 《겐지 모노가타리》 [출처] 위키피디아 (CCO)

| 38쪽 뵤도인 [출처] 위키피디아 (CCO)

| 42쪽 그림, 〈겐페이 전쟁〉(1) [출처] 위키피디아 (CCO)

| 43쪽 초상화, 시라카와 천황 [출처] 위키피디아 (CCO)

| 44쪽 그림, 〈겐페이 전쟁〉(2) [출처] 위키피디아 (CCO)

| 45쪽 초상화, 미나모토노 요리토모 [출처] 위키피디아 (CCO)

| 47쪽 초상화, 쿠빌라이 칸 [출처] 위키피디아 (CCO)

| 48쪽 초상화, 고다이고 천황 [출처] 위키피디아 (CCO)

| 49쪽 초상화, 아시카가 다카우지 [출처] 위키피디아 (CCO)

| 52쪽 료안사 돌 정원 [출처] 위키피디아 (CCO)

| 55쪽 그림, 〈오닌의 난〉 [출처] 위키피디아 (CCO)

| 55쪽 초상화, 오다 노부나가 [출처] 위키피디아 (CCO)

| 56쪽 초상화, 다케다 가쓰요리 [출처] 위키피디아 (CCO)

| 56쪽 그림, 〈나가시노 전투〉 [출처] 위키피디아 (CCO)

| 57쪽 혼노사 오다 노부나가의 사당 [출처] 위키피디아 (CCO)

| 58쪽 도요토미 히데요시 동상 [출처] 셔터스톡

| 60쪽 이순신 동상 [출처] 셔터스톡

| 60쪽 그림, 〈세키가하라 전투〉 [출처] 위키피디아 (CCO)

| 61쪽 초상화, 도쿠가와 이에야스 [출처] 위키피디아 (CCO)

| 61쪽 오사카성 [출처] 위키피디아 (CCO)

| 66쪽 그림, 〈에도의 전경〉 [출처] 위키피디아 (CCO)

| 68~69쪽 그림, 〈산킨코타이 행렬〉 [출처] 위키피디아 (CCO)

| 70쪽 초상화, 도쿠가와 쓰나요시 [출처] 위키피디아 (CCO)

| 73쪽 쪽 [출처] 위키피디아 (CCO)

| 73쪽 잇꽃 [출처] 셔터스톡

| 73쪽 에도 시대 화폐 [출처] 위키피디아 (CCO)

| 74쪽 가쓰시카 호쿠사이, 〈가나가와 해변의 높은 파도 아래〉 [출처] 위키피디아 (CCO)

| 75쪽 그림, 〈시바라쿠〉 [출처] 위키피디아 (CCO)

| 76쪽 초상화, 주희 [출처] 위키피디아 (CCO)

| 76쪽 〈통신사 행렬〉 [출처] 위키피디아 (CCO)

| 77쪽 이와미 은광 [출처] 위키피디아 (CCO)

| 78쪽 그림, 〈나가사키만의 데지마〉 [출처] 위키피디아 (CCO)

| 84쪽 자금성 [출처] 위키피디아 (CCO)

| 85쪽 초상화, 혜원 [출처] 위키피디아 (CCO)

| 87쪽 초상화, 주원장 [출처] 위키피디아 (CCO)

| 89쪽 《영락대전》 [출처] 위키피디아 (CCO)

| 90쪽 초상화, 영락제 [출처] 위키피디아 (CCO)

| 91쪽 정화 동상 [출처] 위키피디아 (CCO)

| 92쪽 정화 보선 모형 [출처] 위키피디아 (CCO)

| 96쪽 초상화, 장거정 [출처] 위키피디아 (CCO)

| 98쪽 명 화폐(4종) [출처] 위키피디아 (CCO)

| 99쪽 초상화, 왕수인(왕양명) [출처] 위키피디아 (CCO)

| 100쪽 명의 도자기 [출처] 위키피디아 (CCO)

| 101쪽 초상화, 마테오 리치 [출처] 위키피디아 (CCO)

| 101쪽 〈곤여만국전도〉 [출처] 위키피디아 (CCO)

| 102쪽 초상화, 숭정제 [출처] 위키피디아 (CCO)

| 103쪽 이자성의 행궁 [출처] 위키피디아 (CCO)

| 108쪽 그림, 〈선농단에서 제사 지내는 옹정제〉 [출처] 위키피디아 (CCO)

| 111쪽 초상화, 누르하치 [출처] 위키피디아 (CCO)

| 112쪽 팔기군 깃발(8종) [출처] 위키피디아 (CCO)

| 113쪽 선양고궁 [출처] 위키피디아 (CCO)

| 115쪽 만주식 옷 [출처] 위키피디아 (CCO)

| 117쪽 초상화, 강희제 [출처] 위키피디아 (CCO)

| 118쪽 초상화, 상지신 [출처] 위키피디아 (CCO)

| 119쪽 초상화, 옹정제 [출처] 위키피디아 (CCO)

| 121쪽 청서릉 [출처] 위키피디아 (CCO)

| 123쪽 초상화, 건륭제(좌) [출처] 위키피디아 (CCO), 건륭제의 황금 갑옷(우) [출처] 위키피디아 (CCO)

| 124쪽 자금성 문연각 [출처] 위키피디아 (CCO)

| 125쪽 《사고전서》 복제품 [출처] 위키피디아 (CCO)

| 126쪽 건륭제의 친필 [출처] 위키피디아 (CCO)

| 128쪽 《홍루몽》 [출처] 위키피디아 (CCO)

| 129쪽 경극 공연 [출처] 위키피디아 (CCO)

| 131쪽 그림, 〈해외 무역이 허가되었던 광저우항〉 [출처] 위키피디아 (CCO)

열다 지식을 열면, 지혜가 열립니다. 나만의 책을, 열다.

한눈에 쏙 세계사
6 격변하는 세계(동양편)

초판 1쇄 발행 2019년 12월 05일
초판 5쇄 발행 2022년 12월 01일

글 김일옥 그림 이은열 감수 박소연·손은혜

ⓒ 김일옥, 이은열 2019

ISBN 979-11-90267-30-4 73900

* 저작권법에 의하여 한국 내에서 보호를 받는 저작물이므로 무단 전재와 무단 복제를 금합니다.
* 이 도서의 국립중앙도서관 출판예정도서목록(CIP)은 서지정보유통지원시스템 홈페이지(http://seoji.nl.go.kr)와
  국가자료공동목록시스템(http://www.nl.go.kr/kolisnet)에서 이용하실 수 있습니다. (CIP제어번호: CIP2019047661)
* 책값은 뒤표지에 있습니다.
* 잘못 만들어진 책은 구입하신 곳에서 바꾸어 드립니다.

발행처 주식회사 스푼북 | 발행인 박상희 | 출판신고 2016년 11월 15일 제2017-000267호
제조국 대한민국 | 주소 (03993) 서울시 마포구 월드컵북로6길 88-7 ky21빌딩 2층
전화 02-6357-0050(편집) 02-6357-0051(마케팅)
팩스 02-6357-0052 | 전자우편 book@spoonbook.co.kr
* 12세 이상 어린이 제품

열다는 스푼북의 어린이책 브랜드입니다.

제품명 한눈에 쏙 세계사 6	**제조자명** 주식회사 스푼북	**제조국명** 대한민국		**⚠ 주 의**
전화번호 02-6357-0050	**주소** 서울시 마포구 월드컵북로6길 88-7 ky21빌딩 2층			아이들이 모서리에 다치지
제조년월 2022년 12월 01일	**사용연령** 12세 이상			않게 주의하세요.
※ KC마크는 이 제품이 공통안전기준에 적합하였음을 의미합니다.